Wolfgang Wimmer | Über den Lebensweg

© 2014 Wolfgang Wimmer

Herstellung und Verlag:
Books on Demand GmbH, Norderstedt
ISBN 978-3-7322-3061-7

Internet | http://bassho.jimdo.com

Gestaltung und Satz:
Dieter Reinke | Emmendingen
dreinke1@mac.com

Wolfgang Wimmer
Über den Lebensweg

Familienfoto aus den 30er Jahren

Inhaltsverzeichnis

Vorwort	5
1 Die Welt im Schatten der Welt	8
2 Gespräch zwischen einem Raumfahrer und einem Zeitreisenden über die letzten Dinge	10
3 Kurze Abhandlung über den Lebensweg, die Umkehrung und das Verhalten	15
4 Unterhaltung an der Straßenecke	24
5 Über die Verschiedenheit von Raumwegen und Zeitweg	44

Vorwort

Ein Buch kann verschiedene Zwecke verfolgen. Es kann z. B. belehren oder unterhalten. Dieses kleine Buch hat das Ziel, daß der Leser die Welt mit anderen Augen zu sehen beginnt, und wenn es nur bei einem einzigen gelänge, wäre es nicht umsonst geschrieben.

Es handelt vom Lebensweg. Wir kommen zur Welt, bleiben eine Zeitlang und verlassen sie wieder. Die Welt war schon da, das heißt vorhanden, als wir noch nicht waren, und sie wird noch da sein, wenn wir nicht mehr sind; ebenso die Dinge. Sie sind da und dort, an diesen oder jenen Stellen. Wir kommen nur hinzu. In die vorhandene Welt mit ihren Menschen und Dingen zeichnen wir unseren Lebensweg ein.

Das ist, glaube ich, die natürliche Ansicht und eine andere, daß die Welt und die Dinge nicht ohne uns da sein können, wäre in der Tat vermessen und geradezu lächerlich.

Nun können wir allerdings auch sagen: Die Welt mit ihren Dingen und Menschen war noch nicht da, als wir noch nicht da waren, sie ist zeitweilig da und wird nicht mehr da sein, wenn wir nicht mehr sind.

Wie löse ich den Widerspruch? Offenbar habe ich das Wort »da« auf verschiedene Weise gebraucht und je nach dem bedeutet es Verschiedenes. Einmal bedeutet es: vorhanden, an einer Stelle (auf die ich zeigen kann). Das andere Mal bedeutet es: zur Stelle sein (es zeigt sich), zugegen sein, anwesend sein.

So können wir einerseits sagen, daß wir unseren Lebensweg in der vorhandenen Welt mit ihren Menschen und Dingen auslegen nach dem Modell: dies und das da und dort dann und wann.

Andererseits sind wir, wo auch immer wir uns befinden, ob wir uns irgendwo aufhalten oder unterwegs sind und gleichgültig, in welche Richtung wir uns bewegen, auf dem unaufhaltsamen und unumkehrbaren Weg an das Ende unseres Lebens zu unserem letzten Tag und zu den letzten Dingen, die wir sehen werden.

Wenn das wahr ist, so liegen die Dinge nicht allein da und dort im Raum. Sie liegen und die Menschen begegnen am Lebensweg und nur jemandem, der auf diesem Weg ist.

Wir bewegen uns nicht allein in den Landschaften und halten uns auf, während die Zeit, die Tage und Nächte, wie unabhängig davon vergeht. Wir werden durch die Tage und Nächte bewegt. Wir waren unterwegs zu einem Tag, der heute ist und sind, wie gesagt, unterwegs zu unserem letzten.

So gesehen haben wir uns dem Ort, an dem wir sind, stets genähert, selbst dann, wenn wir uns räumlich gesehen, davon entfernt haben, nämlich durch die Tage und Nächte. Wir haben uns ihm nicht genähert wie man sich einem Ort im Raum nähert. Ich habe, um hierher zu kommen, nicht eine bestimmte Strecke zurückgelegt, für die ich so und so viele Tage brauchte. Vielmehr wurde ich durch die Tage und Nächte bewegt bis dieser Ort sich zeigte.

Auch die Dinge am Ende unseres Lebens liegen nicht in einer bestimmten Entfernung, für die wir eine gewisse Zeit brauchen. Auch hier gilt nicht: so und so weit und so und so lange, sondern: solange bis es soweit ist.

Wir wandern durch die Tage und Nächte, hinter denen sich unbegangene Landschaften auftun und schließlich die letzten Dinge.

Das alles mag zunächst befremdlich klingen. Allerdings kann man sich wieder fragen: Wo anders als am Weg zwischen Nichts und Nichts sollte etwas erscheinen und wem anderen da, das heißt zugegen sein als jemandem, der auf diesem Weg ist?

Der Lebensweg wäre dann nicht bloß das Offenlegen des Lebensweges selbst in dem Sinne, daß die Ereignisse unseres Lebens enthüllt werden, die zunächst verborgen sind, allerdings im Rahmen einer bereits vorgegebenen Welt und von Raum und Zeit. Er wäre das Offenlegen der Welt der Menschen und Dinge insgesamt, die sonst verborgen bliebe.

Die hier niedergelegten Gedanken kann man im weitesten Sinn philosophische nennen. Nun gilt das philosophische Denken im allgemeinen als abstrakt und schwierig. Ich glaube allerdings eher, daß es sinnlich konkret und einfach ist. Da es aber schwer ist, diese Einfachheit des Denkens zu erreichen, kann man in der Tat sagen, daß es schwierig sei.

Meine Überlegungen kamen mir wie das langsame, allmähliche Klarwerden über etwas vor, was ist immer schon wußte.

Man kann mir mit Recht vorwerfen, daß die Texte voller Wiederholungen sind und daß ich oft auf der Stelle trete anstatt im Gedankengang fortzuschreiten. Auf der Suche nach dem befreienden Wort, das die Sache, um die es geht, sichtbar macht, ist es mir nicht besser gelungen.

Ich selbst hatte manchmal das Bild eines Berges vor Augen, den man besteigen möchte und von dem man sich eine schöne Aussicht erhofft. Die Wege, die man versucht, überschneiden sich häufig und sind auf weite Strecken dieselben.

Ich hätte diese bescheidenen Versuche nicht ohne Kenntnisse von Philosophie, allerdings unzureichende, machen können. Gewiß ist es kein Zufall, daß mein Interesse und meine Bewunderung vor allem Philosophen gilt, in deren Denken eine Umwendung vollzogen wird. Ich denke u. a. an Plato, Kant und Heidegger.

Die Welt im Schatten der Welt

1	Einführung	8
2	Die uns zugekehrte Seite der Welt	9
3	Die uns abgekehrte Seite	10
4	Von der Umkehrung	17
5	Ethik	19

1 Einführung

1.1 Wir halten uns im Raum bei den Dingen, bei Landschaften, Städten, Häusern, Straßen auf und bewegen uns zwischen ihnen, während die Zeit wie unabhängig davon vergeht. Zugleich aber bewegen wir uns durch diese selbst, wir wandern von einem Tag zum anderen, wir kommen aus der Vergangenheit und gehen in die Zukunft. Alles Hin und Her und alle Aufenthalte im Raum gliedern sich zu einem unaufhaltsamen und unumkehrbaren Nacheinander in der Zeit. Wir folgen nicht allein den vielen Richtungen des Raumes, sondern auch der einen des Zeitpfeils.

1.2 Diese beiden Seiten können wir an uns selbst entdecken und je nachdem, welche Sichtweise wir einnehmen, halten wir uns auf verschiedene Weise in der Welt auf. Sie sind wie Körper und Schatten unzertrennlich miteinander verbunden, doch fällt der Schatten in der Regel nicht auf und wird nur selten erblickt. Die Aufgabe wäre dann, ihn aus seinem Schattendasein zu befreien.
Man kann auch sagen, daß die Welt selbst zwei Seiten hat. Bei diesem Bild ist es das Beste, an die zwei Seiten eines Blattes zu denken.
Es ist unmöglich, sich ein Blatt vorzustellen, daß nur eine Seite hat. Auch ist klar, daß eine Seite uns zugekehrt ist, nämlich die, die wir lesen, und die andere uns abgekehrt. Wir müssen das Blatt umwenden, umdrehen, umkehren, damit die andere, die verdeckte Seite aufgedeckt vor uns liegt und lesbar wird.

1.3 Ganz ähnlich spreche ich von den beiden Seiten der Welt. Die eine ist uns zugekehrt, die andere uns abgekehrt, wir wissen vielleicht nicht einmal, daß es sie gibt und wir müssen eine Anstrengung unternehmen, um sie uns zuzukehren. Doch mag es sein, daß es nicht allein an uns liegt, ob das Blatt sich wendet.
Die eine Seite nenne ich die natürliche, gewöhnliche Ansicht der Welt oder die des gesunden Menschenverstandes. Man mag sie auch die vordergründige gegenüber der hinter- und tiefgründigen nennen, doch soll damit kein Werturteil verbunden sein. Man darf nicht die eine die falsche und die andere die wahre Ansicht der Welt nennen. Jedenfalls gehören sie zusammen eben so wie die zwei Seiten eines Blattes.

2 Die uns zugekehrte Seite der Welt

2.1 Ich beginne mit einer ganz kurzen Beschreibung der uns zugekehrten Welt, der vermutlich jedermann zustimmen kann, denn so sehen wir sie gewöhnlich. Es gibt die Welt mit den vorhandenen Dingen um uns herum. Die Menschen halten sich bei ihnen im Raum auf und bewegen sich zwischen ihnen hin und her, vor und zurück. Die Zeit, das ist Gegenwart, Vergangenheit und Zukunft, scheint, wie gesagt, unabhängig davon zu vergehen. Die Gegenwart ist die Zeit, die da ist, die Vergangenheit die, die nicht mehr da und die Zukunft die, die noch nicht da ist. Anstatt Vergangenheit und Zukunft können wir auch sagen: Nicht-mehr-Gegenwart und Noch-nicht-Gegenwart.

Die Gegenwart wird häufig mit dem, was jetzt ist oder mit dem Jetzt verknüpft und wir stellen die Zeit als einen Fluß von Jetzten vor. Sie kommt und geht.

2.2 Allerdings bleibt die Zeit auch so wie ein Strom im Kommen und Gehen bleibt. Bleiben heißt Nicht-Kommen und Nicht-Gehen. Die Zukunft, indem sie kommt, bleibt, die Gegenwart, indem sie kommt und geht, bleibt und die Vergangenheit vergeht nicht mehr, sondern bleibt.

Die Zeiten sind gegenwärtig, wenn auch auf verschiedene Weise. Das Gegenwärtige nehme ich wahr, das Vergangene erinnere ich, das Zukünftige erwarte ich. In der vergegenwärtigenden Vorstellung ist etwas da in der Weise des Nicht-mehr-da und des Noch-nicht-da. Mensch und Zeit gehören auf irgendeine Weise zusammen.

2.3 Die Dinge kommen und gehen nicht mit der Zeit wie die Ereignisse. Sie stehen die Zeit durch. Gäbe es nicht diese Standfestigkeit, so müßte die Zeit vergehen und verfließen wie die Ereignisse.

Die Ereignisse entsprechen der Zeit, die kommt und geht, die Dinge der Zeit, die bleibt.

Weil die unbeweglichen Dinge im Strom der Zeit feststehen wie ein Wehr, weil es ihre Unverrückbarkeit gibt, kann ich Aussagen, Feststellungen treffen wie: Ich bin in der Vergangenheit da und dort gewesen, ich bin jetzt hier und werde vermutlich in der Zukunft da und dort sein.

2.4 Ich zeichne meinen Lebensweg in die vorhandene Welt der Dinge und Menschen ein nach dem Modell: Da und dort, dann und wann, dies und das. Die Ereignisse meines Lebens wie Beruf, Heirat, politische Ereignisse sind mir zunächst verborgen. Ich enthülle sie im Lauf der Zeit und sie werden mir enthüllt. So gesehen ist der Lebensweg das Offenlegen des Lebensweges selbst, aber das alles geschieht im Rahmen einer vorgegebenen, vorhandenen Welt und ihrer Menschen und Dinge.

3 Die uns abgekehrte Seite

3.1 Nun möchte ich die andere Seite unserer selbst und die uns abgekehrte Seite der Welt beschreiben und versuchen, sie uns zu- und hervorzukehren und sie aus ihrem Schattendasein zu befreien.

Wir sagten, daß wir uns nicht nur im Raum bewegen, sondern durch die Zeit bewegt werden, denn es geschieht uns ja. Aber was heißt es, daß wir aus der Vergangenheit kommen und in die Zukunft gehen oder uns durch einen Fluß von Jetzten bewegen? Die Zeit scheint etwas sehr Abstraktes zu sein. Aber bewegen wir uns tatsächlich durch derart Abstraktes?

3.2 Fragen wir uns zunächst, wo wir sind. Wir sind nicht bloß stets an einem Ort zu einer Zeit, sondern auch immer am Kopf unserer Geschichte. Gleichgültig wie es ist, ob wir sie selbst schreiben oder mit anderen oder ob sie weitgehend von anderen geschrieben wird oder ob wir sogar nur lesen, was schon geschrieben steht – wir können sie nicht nicht schreiben oder nicht nicht lesen.

Wenn wir sagen, daß jemand vor sich hingeht, so wollen wir damit ausdrücken, daß er kein besonderes Ziel hat, nicht gerichtet auf etwas zugeht, er geht einfach so dahin.

Betrachten wir uns selbst und sehen zu, was mit uns geschieht, egal, ob wir uns irgendwo aufhalten oder unterwegs sind, so können wir in übertragenem Sinn sagen: Es geht nicht anders, wir müssen vor uns hingehen, das heißt wir überholen uns und bleiben hinter uns zurück. Der, der dieses gerade schreibt, wird gleich überholt werden und hinter dem zurückbleiben, der vom Tisch aufsteht, nach draußen auf die Straße geht und der, der auf der Straße entlanggeht, wird wieder überholt werden von dem, der in ein Geschäft eintritt und hinter diesem zurückbleiben und so weiter. Auch sind wir von Anfang an überholt, indem wir uns auf den Toten zu bewegen, der wir sein werden.

3.3 Wir sind, wo auch immer wir sind, auf einem Weg zwischen Anfang und Ende. Was unterscheidet diesen Weg von einem Weg als Verbindungslinie zwischen zwei Orten? Auf einem Weg im Raum liegt ein Teilstück hinter mir und eines vor mir. Ich bin jetzt hier, an dieser Stelle, aber ich könnte auch anderswo sein, weiter zurück oder weiter, je nach der Geschwindigkeit, mit der ich mich bewege. Auf dem Weg von der Geburt zum Tod aber kann ich wohl anderswo sein, aber nicht weiter als ich bin, auch nicht weiter zurück. So, wie ich am Kopf meiner Geschichte mich befinde, bin ich jeweils am äußersten Punkt meines Wegs, am vorgerücktesten.

3.4 Ich kann auch nicht andere überholen oder von ihnen überholt werden wie auf einem Raumweg, ich überhole nur ständig mich selbst.

Allen anderen geht es ebenso. Wir bewegen uns, so betrachtet, nicht in die verschiedenen Richtungen der Windrose, sondern in die eine des Zeitpfeils. Wir sind stets »auf gleicher Höhe«, egal, ob wir uns bewegen oder mit welcher Geschwindigkeit.

Diese andere Seite unserer selbst können wir stets wahrnehmen und nehmen sie auch immer wieder wahr. Doch ist sie meist nur wie der Schatten der leibhaftigen Erscheinung, die sich im Raum aufhält und bewegt, während die Zeit vergeht.

3.5 Trotz dieser Erläuterungen bleibt unklar, was es heißt, durch die Zeit bewegt zu werden. Dagegen scheint es klar zu sein, was es bedeutet, sich durch den Raum zu bewegen. Die Dinge von denen ich herkomme, sind noch da und jene, auf die ich mich zubewege, sind schon da. Ich komme da her und gehe da hin. »Da« heißt hier: vorhanden, an einer Stelle. Ich bin es, der nicht mehr da ist, jetzt da ist und noch nicht da ist, an dieser oder jener Stelle.

In der Sicht, in der ich durch die Zeit bewegt werde, in der ich aus der Vergangenheit, der Nicht-mehr-Gegenwart komme und in die Zukunft, die Noch-nicht-Gegenwart gehe, in der Sicht des Gegenläufers der Zeit, denn sie kommt ja aus der Zukunft und geht in die Vergangenheit, scheint es gerade umgekehrt zu sein. Da, wo ich herkomme, ist nichts mehr und da, wo ich hingehe, ist noch nichts. Ich komme daher und gehe dahin. Wäre es anders, so müßte ja etwas in der Vergangenheit und etwas in der Zukunft sein und es müßten Sätze gelten wie: »Gestern regnet es, morgen scheint gegenwärtig die Sonne«. Wir müßten etwas jenseits dessen denken, was die Sprache zuläßt.

3.6 Es gilt also das Umgekehrte: Nicht ich bin nicht mehr da, bei diesen und jenen Dingen, sondern die Dinge, von denen ich herkomme, sind nicht mehr da. Nicht ich bin noch nicht da, sondern die Dinge, zu denen ich unterwegs bin, sind noch nicht da. Nicht ich bin gegenwärtig hier, bei diesen Dingen, sondern diese sind hier.

Dabei vollzieht sich fast unmerklich ein Bedeutungswandel. »Da« bzw. »hier« heißt nicht mehr: vorhanden, an einer Stelle, sondern: zur Stelle, zugegen, anwesend, gegenwärtig.

Auf diesen Bedeutungswandel und darauf, daß wir auf einem Weg ohne Umkehr und Aufenthalt sind, denn auf dem Weg durch die Zeit können wir ja nicht umkehren oder anhalten, müssen wir von nun an stets achten.

3.7 Wir sagten anfangs, daß wir nicht allein den Richtungen des Raumes folgen, sondern auch der Richtung des Zeitpfeils. Sie ist keine der herkömmlichen. Der Zeitpfeil weist nicht wie ein Raumpfeil auf etwas hin. Aber das ist schnell und leicht gesagt. Wohin weist er dann?

Ich stehe inmitten einer Umgebung, die allseits vom Horizont begrenzt ist. Ich kann in alle Richtungen gehen, überall werde ich auf etwas stoßen. Es ist wie im Märchen vom Hasen und Igel, in dem der Igel stets sagt: »Ich bin schon da«. Ich bin von Dingen umgeben und umfangen. Ich kann mich, ich kann es drehen und wenden wie ich will, ich finde nicht heraus. Das, woher ich komme, ist noch da und das, wohin ich gehe, ist schon da. Ich komme wie gesagt da her und gehe da hin.

3.8 Nun aber soll gelten: Das, was vor und hinter mir liegt, liegt nicht derart vor mir und hinter mir wie etwas auf einem Raumweg. Das, woher ich komme, ist nicht mehr da, und das, wohin ich gehe, ist noch nicht da.

Es ist so, als habe man auf einem Wegweiser alle Angaben ausgestrichen und nur der Pfeil ist übriggeblieben. Wie soll das möglich sein? Unterwegs zu etwas, was noch nicht da ist.

3.9 Ich komme daher und gehe dahin. Aber das heißt nicht, daß ich aus einem Nichts komme und in ein anderes gehe wie aus der Dunkelheit vor der Geburt in die nach dem Tod.

Ich gehe da hin, woher die Tage kommen und komme da her, wohin sie gehen. Wenn ich auf den Wortlaut achte, so komme ich nicht einfach daher und gehe dahin. Ich komme da her und gehe da hin, allerdings nicht so wie auf einem Raumweg.

Das, woher ich komme, ist zwar nicht mehr da, aber es ist nicht völlig nicht da, es ist da gewesen. Ebenso ist das, wohin ich gehe, noch nicht da, aber es ist nicht völlig nicht da, es wird da sein.

Das, woher ich komme, ist also da in der Weise des Nicht-mehr-da. Das, wohin ich gehe, ist da in der Weise des Noch-nicht-da. Ich muß also etwas suchen und finden, was da ist, ohne schon da zu sein, wenn es wahr ist, daß ich auf einem Weg zu etwas bin, was noch nicht da ist.

3.10 Normalerweise folge ich den Richtungen der Windrose, also den Richtungspfeilen und ich komme stets bei etwas an. Nun aber muß ich mich befreien und aus der Gefangenschaft der Umgebung und der Dinge heraustreten. Es gibt noch eine andere Richtung, aber ich entdecke sie vielleicht nicht so leicht, weil ich ihr immer schon folge. Es ist die Richtung, in die der Zeitpfeil weist.

Wir sagten anfangs, daß wir aus der Vergangenheit kommen und in die Zukunft gehen. Wir waren unterwegs zu dem Tag, der heute ist und wir sind unterwegs durch die Tage zu unserem letzten Tag.

Anders ausgedrückt: Ich bin doch, egal wo ich mich aufhalte oder wohin ich gehe, hin und her, vor und zurück, auf dem Weg zu den Dingen am anderen Ende des Lebens oder zu den letzten, die ich im Leben sehen werde. Ich durchmesse nicht nur die Weite des Raumes, sondern auch die Weite des Lebens, die sich zwischen Anfang und Ende, Geburt und Tod auftut. Man sieht sofort, es handelt sich um eine Einbahnstraße, ich kann auf diesem Weg nicht anhalten und umkehren, so wie wir es auch vom Weg durch die Zeit sagen. Ich hätte also etwas gefunden, was noch nicht da ist oder was da ist in der Weise des Noch-nicht-da und zu dem ich unterwegs bin. Es sind die letzten Dinge oder der Ort, an dem ich sterben werde.

3.11 Aber werden wir nicht sagen, daß die Dinge und der Ort schon da seien, das heißt vorhanden und an einer Stelle? Sie sind doch irgendwo. Wir wissen bloß nicht, wo es ist. Dasselbe gilt für die Zeit, das Wann-es-ist. Der Tod ist gewiß, sagen wir, nur das Wo und das Wann sind uns verborgen. Das ist die eine Seite. Andererseits. Die letzten Dinge sind noch nicht da, sie stehen noch aus. »Da« heißt nun: zur Stelle, zugegen, anwesend.

Ich bin zu ihnen unterwegs, aber sie entziehen sich. Der Ausdruck: unterwegs, auf dem Weg zu, suggeriert allerdings, daß ich auf etwas zu, auf etwas los gehe, was schon da ist. Aber das ist gerade nicht der Fall. Die letzten Dinge sind offenbar nicht so und so weit entfernt und ich brauche, um sie zu erreichen, nicht so und so lange, vielmehr gilt: Solange, bis es so weit ist, bis sie da sind, d. h. zur Stelle, zugegen, anwesend. Solange gibt es Zeit und gibt es Raum. Erst dann sind sie da. Solange sie aber nicht da sind, sind sie da in der Weise des Noch-nicht-da.

3.12 Wir müssen aber hier ein mögliches Mißverständnis fernhalten. Da ohne wirklich, leibhaftig, da zu sein, ist auch Entferntes, indem ich es mir vorstelle, Vergangenes, indem ich es erinnere und Zukünftiges, indem ich es erwarte. Im vergegenwärtigenden Bewußtsein ist etwas da ohne da zu sein wie wir anfangs sagten. Das aber ist gerade nicht gemeint.

Die letzten Dinge sind nicht einfach nicht da. Sie sind von Anfang an da in der Weise des Noch-nicht-da (da als anwesend, zugegen, gegenwärtig, zur Stelle), weil und solange und während ich unterwegs bin und umgekehrt: Weil und solange und während sie da sind in der Weise des Noch-nicht-da bin ich unterwegs. Ich gehe nicht darauf zu, ich bringe sie her und hervor. Der Weg ohne Aufenthalt und Umkehr ist auch ein schöpferischer Weg, ein Weg des Hervorbringens.

3.13 Die letzten Dinge sind also noch nicht da. Aber sie werden hervorkommen, zu Tage treten, da sein, sich zeigen, weil es den Weggänger gibt. Gäbe es ihn nicht, blieben sie unentdeckt. Sie gehören zum Weggänger.

Es gibt keinen Menschen ohne Weg und umgekehrt: Mensch und Weg, genauer gesagt, das, was am Weg liegt, gehören zusammen.

Was für die letzten Dinge gilt, muß auch für alle Dinge gelten, die zwischen mir und ihnen liegen. Ich muß sogar einen Schritt weiter gehen und sagen: Alles, was ist, hat sein Wo und Wann nicht nur in Raum und Zeit, sondern liegt und erscheint auf dem Weg zu den letzten Dingen und zeigt sich jemandem, der auf diesem Weg ist. Ich nehme also die Dinge aus dem Raum heraus, in dem sie bestimmte Stellen einnehmen und lasse sie am Weg sein, ich siedle sie dort an. Das eben ist gemeint mit der anderen Seite der Welt und meiner selbst, von der ich am Anfang sprach.

3.14 Alles, was am Weg zu den letzten Dingen liegt, ist wie diese da in der Weise des Noch-nicht-da. Ich nehme als Beispiel die Straße mit den Bäumen vor meinem Haus, auf der ich mich jetzt befinde. Es ist Winter. Was heißt das konkret? Ich sprach von der Straße mit den Bäumen. Im Frühjahr blühen sie, im Sommer sind sie belaubt, im Herbst stehen sie kahl da, im Winter sind sie zugeschneit. Aber es ist doch stets dieselbe Straße mit denselben Bäumen, egal, welche Zeit und Jahreszeit es ist, nur die Bestimmungen wechseln. Weil sie die Zeit durchstehen, in einem gewissen relativen Sinn zeitlos sind, kann ich Aussagen machen: Ich war im Herbst auf dieser Straße, als die Bäume entlaubt waren, ich bin jetzt hier und werde im Frühjahr wieder hier sein. Dann werden sie blühen.

3.15 Nun frage ich: Wie bin ich hierher gekommen? Ich war auf einem Weg durch die Tage, durch die Weite des Lebens und an das Ende des Lebens. Ich war weit, weit da hinten in einem nicht räumlichen Sinn. Ich war unterwegs hierher, unterwegs zu einem Tag, der heute ist. Ich kann so wenig sagen, daß ich schon einmal hier war wie ich sagen kann, daß ich schon einmal an diesem Tag war. Die Straße war so wenig anwesend wie der Tag, dessen Licht auf sie fällt. Sie war noch nicht da wie der Tag noch nicht da war.
Ich war nicht hier, an dieser Stelle, auf dieser Straße. Wäre es so, so wäre ich ja zurückgekehrt, aber das kann ich nicht. Ich kann deshalb auch nicht sagen, daß ich wieder hier sein werde. Denn dann müßte ich ja zurückkehren. Die Straße, auf der ich mich befinde, war nicht schon da, ich war ja unterwegs zu etwas, was noch nicht da war. Sie war so wenig da wie die Straße noch da ist, auf der die Bäume noch belaubt waren und von der ich herkomme, und sie war so wenig da wie die mit den blühenden Bäumen schon da ist, zu der ich unterwegs bin, ja, so wenig da wie die Dinge am Ende des Lebens, also die letzten.
Einerseits: Im Nacheinander der Tage und Jahreszeiten verändern sich Straße und Bäume und bleiben doch dieselben. Andererseits: Ich durchwandere das Nacheinander der Tage und Jahreszeiten und nacheinander erscheinen mir die Straße mit den verschneiten, den blühenden, den belaubten, den kahlen Bäumen. Dabei bin ich stets weiter auf dem Weg durch die Weite des Lebens.

3.16 Einerseits: Ich halte mich da und dort auf und bewege mich in der Weite des Raumes. Ich gehe hin und her, vor und zurück. Die Dinge sind da und dort, vorhanden und an bestimmten Stellen. Sie sind noch da und schon da. Sie stehen die Zeit, das ist Gegenwart, Noch-nicht-Gegenwart und Nicht-mehr-Gegenwart durch. Das ist der Grund und die Voraussetzung, weshalb ich Aussagen machen kann: Ich bin jetzt hier. In der Vergangenheit bin ich da und dort gewesen, in der Zukunft werde ich voraussichtlich da und dort sein, bei diesen und jenen Dingen.

3.17 Andererseits: So wie ich mir klar mache, daß ich auf einem Weg durch die Weite des Lebens an das Ende des Lebens bin, auf einem Daher-Dahin-Weg, auf einem Weg zwischen Nicht und Nicht ändert sich meine Einstellung und es wird klar, daß die Dinge da sind, anwesend und daß sie nicht da waren und nicht da sein werden. Sie sind da, zugegen, zur Stelle und nicht mehr und noch nicht da. Ich gleiche sie damit den Ereignissen, den Begebenheiten an, die auch zunächst noch nicht da, dann da und schließlich nicht mehr da sind.

3.18 Anstatt zu sagen, daß ich gegenwärtig da und dort bin, bei diesen und jenen Dingen, spreche ich von der Gegenwart der Dinge selbst. Anstatt zu sagen: In der Vergangenheit, der Nicht-mehr-Gegenwart, war ich da und dort, bei diesen und jenen Dingen, sage ich nun: Die Vergangenheit ist die Nicht-mehr-Gegenwart, das Nicht-mehr-da, das Dagewesensein der Dinge selbst.
Ich sage nicht mehr: In der Zukunft, der Noch-nicht-Gegenwart werde ich da und dort sein, bei diesen und jenen Dingen, sondern die Zukunft ist die Noch-nicht-Gegenwart, das Noch-nicht-da der Dinge selbst.
Während den Dingen zunächst eine gewisse relative Zeitlosigkeit eignet, werden sie nun mit der Zeit verbunden und verknüpft. Wir können auch von der Verzeitlichung der Dinge oder der Verdinglichung der Zeit sprechen. Jedenfalls verliert sie ihre Abstraktheit und wird konkret. Beispiele für die Verknüpfung von Ding und Zeit waren die letzten Dinge, die Straße mit den blühenden, belaubten, kahlen, verschneiten Bäumen.

3.19 Indem ich die Dinge mit der Zeit verknüpft habe, stehen sie nicht mehr fest und die Zeit durch und ich verliere den Grund und Boden unter den Füßen. Ich falle, aber ich werde aufgefangen und gelange in einen anderen, neuen Zusammenhang, in dem ich allerdings immer schon bin, sonst könnte ich nicht hineingelangen. Es ist der von Mensch und Zugegensein und Nicht-mehr- und Noch-nicht-Zugegensein der Dinge selbst.

3.20 Ich kann keine Aussagen mehr machen wie: »Ich war hier auf der Straße, damals waren die Bäume belaubt. Ich werde voraussichtlich wieder hier sein, dann werden sie blühen«. Statt dessen sage ich: »Ich kann nicht zurückkehren zu der Straße mit den belaubten Bäumen. Ich bin unterwegs zu einer Straße mit blühenden Bäumen«.
Man wird sagen, so spricht man nicht. Aber man sagt auch nicht, daß man zu den letzten Dingen unterwegs sei und doch ist es so und so sagen wir auch nicht, daß wir zu der Straße mit den blühenden Bäumen unterwegs seien, obwohl es so ist.

Von den letzten Dingen sagten wir, daß sie zugegen sind in der Weise des Noch-nicht-zugegen. Das gilt, wie gesagt, auch für alle Dinge auf dem Weg da hin und alles, was ist, erscheint nur auf dem Weg da hin.

3.21 Nun könnte immer noch jemand sagen: Zeig mir doch den Weg, der zu der Straße mit den blühenden Bäumen führt, jetzt, da es Winter ist, oder zeig mir den Weg zu den letzten Dingen. Wo entlang muß ich gehen? Wohin muß ich mich begeben? Auf welchen Weg muß ich mich machen?
Nun, in der Tat, es gibt diesen Weg nicht, er begibt sich, trägt sich zu, öffnet sich. Ich kann mich auch deshalb nicht auf diesen Weg begeben, weil ich schon immer auf diesem Weg bin. Spätestens am Ende werden wir sagen: Wir haben uns nicht her begeben, der Weg hat sich begeben. Er trägt sich zu, man könnte fast sagen, daß er an uns vollzogen, ja vollstreckt wird.

3.22 Wir sind also stets auf einem Weg an das Ende. Wir sterben aber nicht allein am Ende, sondern der Weg, auf den wir gesetzt sind, ist ein lebenslängliches Sterben. Man könnte also sagen, daß wir auf einem Todesweg, auf einem Weg des Todes uns befinden und so ist es auch immer wieder von Menschen gesehen worden. Trotzdem werde ich darauf beharren, daß es ein Weg des Lebens ist. Weshalb?
Die letzten Dinge und die Dinge auf dem Weg dahin liegen von Anfang an vor mir, aber nicht wie das zwischen Orten ausgelegte Stück einer Landstraße. Dieses ist schon da, wie oft gesagt, und ich entdecke also etwas, was schon da ist. Die Dinge auf dem Weg zu den letzten und diese selbst aber sind nicht schon da. Sie sind noch nicht da. Sie sind da, indem wir sie entdecken. Es handelt sich um ein Aufdecken, Auslegen, Offenlegen.

3.23 In dieser Sicht kommen die Dinge nicht irgendwo vor. Sie kommen hervor. Sie kämen nicht hervor, wenn es nicht jemand gäbe, der unterwegs ist und sie hervorbringt. Der Weg oder genauer das, was am Weg liegt, und der Gänger des Wegs gehören zusammen. Das eine kann nicht ohne das andere sein. Der Weg entsteht, indem einer ihn geht. Er würde sonst nicht sein.

3.24 Wir zeichnen unseren Lebensweg nicht allein in die vorhandene Welt der Dinge und Menschen ein nach dem Modell: Wo wann was. Sie liegen und begegnen uns am Weg und erscheinen nur jemandem, der auf diesem Weg ist, also auf dem Weg von Nicht zu Nicht. Wo anders sollten sie sich auch zeigen können? Wir sagten anfangs, der Lebensweg sei das Offenlegen des Lebensweges selbst und meinten damit die Ereignisse. Nun soll es für alles gelten, was ist.

4 Von der Umkehrung

4.1 Wir sind weiter dabei, die uns abgekehrte Seite der Welt uns zuzuwenden oder, anders ausgedrückt, diese Seite, die gewöhnlich nicht im Licht und unserer Sicht liegt, aus ihrem Schattendasein zu befreien. An einigen Beispielen haben wir die Umwendung bereits vollzogen.

Anstatt: Wir sind da, sind nicht mehr da und noch nicht da bei diesen und jenen Dingen, sprachen wir vom Da, Nicht-mehr-da und Noch-nicht-da bzw. der Gegenwart, der Nicht-mehr-Gegenwart und Noch-nicht-Gegenwart der Dinge selbst. Diese Spur wollen wir nun weiter verfolgen.

4.2 Die Verbindung von Gegenwart und zweifacher Nicht-Gegenwart mit den Dingen scheint zunächst ungewöhnlich zu sein, ist es aber nicht.

Wir sprechen z. B. auch von der Gegenwart, d. h. der Anwesenheit eines Menschen. Entsprechend können wir auch von der Gegenwart von Dingen, einer Landschaft oder des Meeres sprechen. Aber was ist damit gemeint? Wir verstehen es besser, wenn wir die Nicht-mehr-Gegenwart und die Noch-nicht-Gegenwart von Menschen und Dingen hinzunehmen. Wir waren Ungeborene und werden Tote sein. Die Dinge und Menschen waren nicht da, sie sind nur eine Weile, zeitweise zugegen und uns entdeckt und werden nicht mehr da sein. Sie werden uns entzogen, weggenommen.

Natürlich haben nicht wir die Menschen und Dinge entdeckt. Wie sollte das auch geschehen? Wir müßten ja vorher sein. Eher gilt wie gesagt: Sie sind uns entdeckt. Mit dem Entdecktsein sind wir selbst und sind die, die wir sind. Mensch und Entdecktsein der Dinge gehören zusammen. Das eine ist nicht ohne das andere.

4.3 Ich bin, war, werde sein. Insofern ich war, bin ich der Gewesene, insofern ich sein werde, der Zukünftige. Der Gewesene und der Zukünftige sind das Abbild des Toten, der ich sein werde und des Ungeborenen, der ich war.

Wenn ich über mich und die Welt nachdenke, darf ich nicht nur über den Lebenden, sondern muß auch über den Toten und den Ungeborenen nachdenken. Dabei versuche ich jeweils die Umkehrung zu vollziehen.

4.4 Der Gegenwärtige, der Lebende. Ich bin da, an dieser oder jener Stelle, z.B. jetzt hier auf der Straße. So spreche ich, insofern ich mich in der Welt der vorhandenen Dinge aufhalte und bewege.

So wie ich aber sehe, daß ich auf dem Weg zu den Dingen am Ende des Lebens oder auf dem Lebensweg bin, und diesen Weg einschlage, ändert es sich und ich vollziehe die Umkehrung. Die Dinge, etwa der Boden unter meinen Füßen, sind da, weil ich auf dem Weg bin. Sie erscheinen nur jemandem, der auf dem Weg ist. Nicht ich bin da, bei diesen und jenen Dingen, die selbst da und dort sind und bestimmte Stellen einnehmen. Sie sind nicht mehr vorhanden, an einer Stelle, sie sind zur Stelle, d. h. anwesend, zugegen. Sie waren es nicht und werden es nicht sein. Sie sind nur zeitweise entdeckt. Ich zeige nicht auf etwas, sondern etwas zeigt sich mir, also jemandem, der auf dem Lebensweg ist.

Es geht mir also nicht mehr um etwas, was da ist, sondern um das bisher verborgene Dasein von etwas. Das Dasein von etwas aber ist nicht etwas, was da ist, wenn auch nicht ohne es.

4.5 Wir sind stets irgendwo. Wenn ich den Ort wechsle, bin ich anderswo. Ich kann sagen, wo etwas ist und wo ich bin. Ich kann aber nicht mehr sagen, wo das Zugegensein von etwas stattfindet oder wo ein Wo ist. Es entzieht sich jeder Feststellung.

Wahrnehmung der Gegenwart von etwas ist anderes als etwas wahrnehmen. Ich kann etwas, was da ist, wahrnehmen, aber nicht sein Dasein. Es handelt sich nicht um sinnliches Wahrnehmen, eher um das Wahrnehmen einer Chance oder einer Möglichkeit. Das Dasein von etwas ist selbst nicht etwas oder eins von den unzähligen Dingen, die da sind. Aber das eine, das Dasein, kann nicht ohne das andere, das Etwas sein und umgekehrt.

Es ist ähnlich wie mit dem Satz: Es ist etwas. Je nachdem wie ich betone, das »ist« oder das »etwas« meint es Verschiedenes. Aber das eine ist nicht ohne das andere.

4.6 Der Gewesene, der Tote. In einiger Zeit werde ich nicht mehr leben, aber ich will annehmen, jemand erinnert sich an mich und sagt: Er ist da gewesen.

Wir erinnern uns an die Toten, daß sie da und dort gewesen sind, bei diesen und jenen Dingen. Nun vollziehen wir die Umkehrung und lassen uns stattdessen von den Toten an das Dagewesensein der Dinge erinnern. Das Dagewesensein von etwas ist anderes als alle Dinge und Begebenheiten, die da gewesen sind. Es ist die Begebenheit, der Einbruch des Tags in lauter Nacht.

Er ist da gewesen. Das ist eine Feststellung. Aber das Dagewesensein, das Zugegengewesensein von etwas entzieht sich jeder Feststellung. Und doch ist es gewesen.

4.7 Entsprechendes gilt für die Ungeborenen. Wir erwarten, daß sie da und dort sein werden, an den Orten, an denen wir noch sind. Aber so wie der Tote die Erinnerung an das Dagewesensein von etwas ist, sind sie die Erwartung des Seins von etwas. Aber das Sein von etwas ist das schlechthin Unerwartbare. Es ist nicht etwas und es gibt niemanden, der es erwarten kann. Es ist nicht irgend etwas der unzähligen Dinge und Ereignisse, die sein werden.

5 Ethik

5.1 Das Sein der Welt, der Dinge und unserer Selbst erscheint im allgemeinen als selbstverständlich und fraglos. Dies und das in der Welt ist fragwürdig und nicht selbstverständlich, aber nicht ihr Sein. Ich weiß schon immer, wo und wann ich bin. Ich wohne in diesem Ort, der in einer bestimmten Landschaft liegt, die Teil eines Landes ist, das eines unter anderen Ländern ist, auf einem Erdteil, auf der Erde, im Weltall, in der Welt. Auch von meiner Zeit habe ich ein gewisses Verständnis. Ich weiß wenigstens in Umrissen, was vorher war und habe Vorstellungen davon, was sein wird.

5.2 Die Frage nach dem Wo von etwas ist die Frage nach seinem Sein. Wir können wohl sagen, wo etwas ist und wo wir sind. Wir sind da und dort, bei diesen und jenen Dingen. So wie ich aber das »Da« nicht mehr im Sinn von: an einer Stelle, sondern im Sinn von: zur Stelle, zugegen, anwesend, gegenwärtig verstehe, ändert sich mein Blick.

Wie gesagt, wir können wohl sagen, wo etwas ist, aber nicht, wo ein Wo ist. Wir können nach dem Wo, dem Sein von etwas fragen, aber nicht nach dem Sein des Seins. Wir können also nicht mehr sagen, wo das Da im Sinn von: Zur-Stelle-sein, Zugegen-sein stattfindet. Es stiftet ja erst einen Ort. Es ist ein Wo im Nirgendwo.

5.3 Wir wissen immer schon, wo wir sind. Nun sind wir nicht nur Lebende, wir waren Ungeborene und werden Tote sein. So wie wir das denken, sehen wir, daß die Dinge unauffindbar waren und es wieder sein werden. Sie sind uns nur zeitweilig entdeckt. Wir begegnen uns also an einem Ort, der unentdeckbar war und es wieder sein wird.

Aus dem Ort, von dem ich immer schon weiß, wo er sich befindet, wird ein Ort, der unauffindbar war und sein wird.

5.4 In der natürlichen Auffassung können wir uns verabreden und an einem Ort, bei Dingen einfinden, begegnen und einstellen. Wir können uns zu einem Zusammensein an einem Ort verabreden und treffen. Verliebte verabreden sich zu einem Stelldichein. Wir können sagen, wo, an welchem Ort das Zusammensein oder das Stelldichein stattfinden soll.

Denken wir jedoch die Unauffindbarkeit, die Unentdeckbarkeit so gehören auch die Dinge zum Zusammensein. Wir sollten allerdings besser von einem Zusammen sein sprechen. Auch die Dinge gehören zum Stelldichein, von dem wir, wie gesagt, nicht mehr sagen können, wo es stattfindet. Es entzieht sich ja jeder Feststellung.

5.5 Die Dinge und Menschen sind nicht ohne uns und wir nur mit ihnen da. Das mag zunächst nach Verlust der Selbständigkeit klingen. In Wahrheit aber erscheinen sie nun nicht mehr als Gegenstände, sondern das Andere als das Andere, der Andere als der Andere.

5.6 Das Zusammensein, das Zusammenleben der Menschen muß geregelt werden, z. B. durch die zehn Gebote, durch den kategorischen Imperativ, durch Gesetze. Dabei gilt der Grundsatz: Du sollst, denn du kannst, es liegt in deinem Vermögen.

5.7 Können heißt etwas können. Etwas können heißt etwas beherrschen, ein Instrument, eine Sprache, eine Technik, oder etwas vermögen, etwas bewegen, Macht ausüben. Das Sein-Können und das Zusammen-sein-können aber ist kein dies und das Können, es ist kein Beherrschen oder Vermögen, sondern ein Dürfen oder Gewährtsein. Ich kann nicht sein, ich darf sein. Ich kann nicht sein aus eigener Machtvollkommenheit.

Zwischen Etwas-Können und Sein-Können besteht eine unüberschreitbare Grenze. Der Mensch vermag sie vielleicht ein wenig verschieben. Würde er sie aber überwinden können, so wäre er in der Tat kein Mensch mehr.

5.8 Das Zusammensein muß durch Gebote und Gesetze geregelt werden. Du sollst, denn du kannst. Das wird und muß so bleiben. Doch tut sich dahinter eine andere Möglichkeit auf, auch wenn es ungewiß und höchst zweifelhaft ist, ob sie jemals ergriffen wird. Man kann das Zusammensein von Menschen, Orten und Dingen als Zusammen sein von Menschen, Orten und Dingen begreifen. Wir können, d. h. dürfen zusammen sein. Es kann nicht von uns gemacht oder veranstaltet werden, es ist uns gewährt. Aus einem anderen Aufenthalt könnte ein anderes Verhalten erwachsen. Aber ich gebe zu, es klingt völlig illusorisch.

5.9 Ob die andere Welt oder besser: die andere Seite der Welt, damit niemand glaubt, es handele sich um eine andere Welt oder um eine Welt hinter der Welt, je so deutlich hervortritt wie die uns zugekehrte, ob also eine Wendung oder Umkehrung gelingt mehr als nur für Momente, so daß wir in beiden Welten leben oder zwischen ihnen wechseln können, ist völlig offen.

Wenn wir das Haus verlassen, treten wir ins Freie, nach draußen. Aber auch dort sind wir von Dingen umgeben, inmitten. Wir müssen abermals nach draußen treten und dabei erfahren wir, daß die Dinge selbst draußen liegen, im Freien.

Wenn wir von einem Traum erwachen, merken wir, daß es ein Traum war, nicht Wirklichkeit. So mag es auch ein Erwachen von der Wirklichkeit geben, indem wir merken, daß sie Wirklichkeit ist.

Gespräch zwischen einem Raumfahrer und einem Zeitreisenden über die letzten Dinge

Z: Du mußt doch zugeben, daß wir uns nicht bloß im Raum, sondern auch durch die Zeit bewegen. Wenn du gestern zu einer Reise aufgebrochen bist und morgen ankommen wirst, so bewegst du dich nicht bloß durch den Raum von einem Ort zum anderen, sondern auch von gestern nach morgen, aus der Vergangenheit in die Zukunft. Bereits der Ausdruck: Ich war, bin, werde sein, weist auf diese Bewegung hin.

R: Ich sehe zunächst nur, daß ich mich im Raum aufhalte oder von einem Ort zum anderen mich bewege, während die Zeit vergeht, in unserem Fall zwei Tage.

Z: Du bist eben ein echter Raumfahrer.

R: Ich wäre es gern, aber leider muß ich auf der Erde bleiben.

Z: Ich werde dich trotzdem so nennen, da du dich im Raum zwischen den Dingen, Häusern, Straßen, Dörfern, Städten, Landschaften hin und her bewegst. Außerdem fährst du häufiger mit dem Auto als daß du gehst. Daher bist du für mich ein Raumfahrer.

R: Dann bist du wohl ein Zeitreisender. Du kannst dich zwar nicht in andere Zeiten, vergangene oder zukünftige, versetzen, aber du bewegst dich, wie du sagst, von gestern nach morgen, aus der Vergangenheit in die Zukunft, also durch die Zeit.

Z: Ich versuche nur, die Welt unter einem anderen Aspekt zu betrachten. Ich möchte die Seite hervorheben, die uns abgekehrt ist. Du darfst nicht glauben, daß ich deshalb bestreite, daß wahr ist, was du sagst. Ich will dir deutlich machen, was ich meine. Du hast doch zweifellos Reisen unternommen.

R: Ja, einmal bin ich sogar mit dem Auto nach Afghanistan gefahren und dann bin ich natürlich auch geflogen.

Z: Bist du von hier abgereist?

R: Ja.

Z: Dann hast du dich, als du reistest, doch zweifellos von hier entfernt.

R: Ja, natürlich.

Z: Das gilt für deine Welt und deine Sicht. In meiner Sicht hast du dich ständig genähert, selbst als du dich entfernt hast. Verstehst du mich?

R: Nein.

Z: Du hast dich doch seit jeher und seit jener Reise durch die Tage diesem Tag genähert und jeder Tag hat dich näher hierher gebracht.

R: Du meinst, daß ich so gesehen nicht im Raum mich hin und her bewege, sondern aus der Tiefe der Zeit heraufkomme.

Z: Ja. Wenn man weggeht, dreht man den anderen den Rücken zu, du aber kehrst uns stets das Gesicht zu, indem du aus der Vergangenheit herauf-

Über den Lebensweg | 21

kommst. Und wenn du aufbrichst, in die Zukunft natürlich, drehst du uns den Rücken zu, und selbst, wenn du zurückkehrst, bleibt es so.

R: Du willst also sagen, daß alle meine Aufenthalte und Bewegungen bei den Dingen im Raum, also bei Zimmern, Häusern, Straßen, Städten, Landschaften zu einem Früher oder Später oder zu einem Nacheinander sich gliedern?

Z: Sie werden gewissermaßen anders abgebildet. Sie werden zu der Kette von Ereignissen, an die uns das Schicksal oder Gott weiß was gebunden hat und die wir zwangsläufig durchlaufen müssen. Wenn ich deine Position einnehme, folge ich den Richtungspfeilen und den wechselnden Richtungen der Windrose. Wenn du meine Position einnimmst, folgst du dem Zeitpfeil. Du kannst nicht zurückkehren.

R: Ich glaubte schon, ich hätte dich verstanden. Aber wenn du sagst, ich könne nicht zurückkehren, so stimmt das nicht. Ich bin gestern hier gewesen, bin dann fortgegangen und bin heute wieder hier, also bin ich zurückgekehrt.

Z: Das gilt für dich als Raumfahrer. Ich als Zeitreisender war nicht hier, ich war auf dem Weg nach hier, hier war noch gar nichts, nun ist es hier, nun bin ich hier.

R: Du meinst, daß du auf dem Weg aus der Vergangenheit in die Zukunft nicht umkehren kannst?

Z: Ja. Alles Hin und Her im Raum während die Zeit vergeht, ist zugleich Bewegung durch die Zeit selbst aus der Vergangenheit in die Zukunft. Jeder Aufenthalt und jede Bewegung in der Weite des Raums ist auch ein unaufhaltsames, unaufhörliches Vorrücken auf dem Weg durch die Weite des Lebens, auf dem Weg von Anfang bis Ende. Und alle Aufenthalte und Bewegungen im Raum schließen sich zu diesem einen Weg zusammen.

R: Offenbar kann man es auf zwei Weisen sehen. Aber für mich gilt, daß ich zum Beispiel heute hier bin, gestern war ich dort, morgen werde ich wieder hier sein, also kehre ich zurück. Für mich liegen die Dinge, ich meine Häuser, Straßen, Städte, Landschaften im Raum, sie haben ihren festen Ort und einmal bin ich da, dann dort.

Z: Noch einmal, ich bestreite es nicht. Aber man kann es auch anders sehen. Für mich liegen die Dinge auf dem Weg, am Weg von gestern nach morgen, aus der Vergangenheit in die Zukunft, am Weg der Zeit. Für dich liegen sie in den Richtungen der Windrose, für mich in der einen Richtung des Zeitpfeiles.

R: Ja, aber ich bewege mich im Raum und halte mich bei den Dingen auf. In der Vergangenheit war ich da und dort, gegenwärtig bin ich hier an diesem Ort und in der Zukunft werde ich womöglich da und dort sein. Ich zeichne meine Aufenthalte und Wege in den Raum und die Welt der vorhandenen Dinge ein. Du hingegen sagst, daß die Orte, und ich meine tatsächlich Straßen, Häuser, Landschaften, an deinem Weg aus der Vergangenheit in die

Zukunft liegen. Das ist eine völlige Umkehrung und außerdem ist es unmöglich.

Z: Wieso?

R: Die Dinge können nicht ausgebreitet in der Zeit sein, wie sie ausgebreitet und ausgedehnt im Raum sind. Es gibt keinen durchgängigen, ausgelegten Weg von gestern nach morgen, wie von dort nach dort oder von hier nach dort.

Z: Da hast du recht. Das ist schon deshalb unmöglich, weil bestimmte Dinge, ein Haus, eine Straße immer wiederkehren entsprechend den Mustern, Gewohnheiten und Abläufen unseres Lebens.

R: Du sagst es ja selbst, daß es unmöglich ist, daß sie am Weg von gestern nach morgen liegen und so scheint es auch diesen Weg nicht zu geben.

Z: Ich sage ja nicht, daß sie da sind, so wie die Dinge im Raum da sind.

R: Aber wie dann?

Z: Gewiß werden wir noch darauf zurückkommen. Jetzt nur so viel. Für dich sind Landschaften, Städte, Dörfer, Straßen, Häuser im Raum ausgebreitet. Sie sind an der Oberfläche der Erde angesiedelt, unter dem Himmel, während die Zeit vorübergeht im Bild der wechselnden Tage und Nächte mit ihren Wettern und Jahreszeiten. Der Raum steht, die Zeit vergeht.

R: Ja, und deshalb kann ich sagen: Hier ist dies und das, diese Straßenecke und dieses Haus, und hier, an dieser Straßenecke, in diesem Haus hat das und das stattgefunden, ein Verkehrsunfall, eine Hochzeitsfeier. Und glaube mir, alle Menschen, zumindest die, die ich kenne, sprechen so und du scheinst mir ein merkwürdiger Mensch zu sein.

Z: Sie sind Raumfahrer, aber auch Zeitreisende, doch das sehen sie nicht. Ich würde aber gerne genauer wissen, wie deine Welt, die des Raumfahrers aussieht. Du mußt aber daran denken: Wenn ich etwas dagegen setze, so heißt es nicht, daß ich das bestreite, was du sagst. Es ist, wie ich meine, nur die andere Seite der Dinge und beide gehören zusammen wie wir beide.

R: Wir beide gehören zusammen?

Z: Ja, wie Zwillingsbrüder, sogar wie siamesische Zwillinge. Allerdings, wenn man uns trennen will, müssen wir beide sterben. Wir sind eben unzertrennlich, wenn wir auch auf getrennten Wegen gehen.

R: Wie ist das möglich? Unzertrennlich auf getrennten Wegen?

Z: Es ist eben so. Aber weil wir zusammengehören, eigentlich eins sind, können wir uns an die Stelle des anderen versetzen. Aber du wolltest mir sagen, wie deine Welt aussieht.

R: Es gibt in meiner Welt nichts Geheimnisvolles. Es gibt den Raum und die Zeit, die Dinge und Ereignisse, und dann natürlich uns.

Z: Es gibt auch anderes.

R: Vielleicht. Aber das soll jetzt genügen. Die Dinge, das sind Häuser, Berge, Straßen, Landschaften, teile ich dem Raum zu, du kannst auch von Raumdingen sprechen, die Ereignisse, das sind Krieg, Frieden, Mondaufgang, Blüte, Frühling, teile ich der Zeit zu.

Z: Kannst du es genauer sagen?

R: Nun, ich lasse mir durch die Sprache vorgeben, was Dinge und was Ereignisse sind. Wir sagen von den Dingen, daß sie sind, waren und sein werden und ebenso sagen wir es von den Ereignissen. Aber wir denken dabei Verschiedenes. Wenn wir sagen, daß ein Ding war, zum Beispiel dieses Haus, so heißt es, daß es immer noch ist, und wenn wir sagen, daß es sein wird, so heißt es, daß es schon ist. Sagen wir hingegen von einem Ereignis, daß es sein wird, so heißt es, daß es noch nicht ist, und wenn wir sagen, daß es war, so heißt es, daß es nicht mehr ist.

Z: Ich verstehe jetzt besser. Du meinst, daß die Ereignisse mit der Zeit kommen und gehen. Selbst dann, wenn sie dauern, sind ja einige Phasen schon abgelaufen, während andere noch ausstehen. Die Dinge dagegen haben sozusagen ihr Sein beisammen. Selbstverständlich gibt es Dinge, die erscheinen und verschwinden und womöglich werden irgendwann alle verschwinden. Aber für unsere menschliche Zeit gilt, daß sie verharren, sie haben einen Standort und nehmen eine Stelle ein, mindestens die unbeweglichen Dinge.

R: Aber nicht nur das. Sie haben nicht bloß eine feste Stelle, sie stehen die Zeit durch. Sie kommen und gehen nicht mit der Zeit wie die Ereignisse. Wenn es das Feststehen der Dinge nicht gäbe, würde die Zeit verfließen oder sie würde versanden wie ein Fluß in der Wüste.

Z: Du machst die Zeit an den Dingen fest.

R: Ja, und unser Dasein. Wenn es das Feststehende nicht gäbe, könnten wir auch keine Feststellungen treffen. Wir könnten zum Beispiel nicht sagen: Ich war gestern hier, werde morgen voraussichtlich dort sein und so weiter. Wir könnten auch nicht sagen, daß wir zurückgekehrt sind, was du ja angeblich nicht kannst. Wir müssen etwas voraussetzen, um Aussagen zu machen wie: »Ich bin jetzt hier. Ich war dort. Ich werde gleich wieder dort sein«. Ich muß nur meinen Körper bewegen. Einmal nehme ich diese, dann jene Stelle ein. Du hingegen, ich weiß überhaupt nicht, wo du bist und wie du dich bewegst, wenn du dich durch die Zeit bewegst und ob du überhaupt einen Körper hast. Vielleicht bist du bloß der Schatten meines Körpers, der selbst keinen Körper hat.

Z: Ich finde schon, daß ich in deinem Schatten stehe, gleichsam unsichtbar und unbemerkt und daß du dich etwas zu sehr vordrängst und dich breitmachst. Aber ich will versuchen deine Frage zu beantworten, wo ich bin und wie ich mich bewege. Ich bin stets auf der äußersten Position und bewege mich sogar, wenn ich mich nicht bewege.

R: Ja, natürlich. Während ich bloß eine Stelle, eine Position im Raum einnehme, bist du auf der äußersten Position. Und du bewegst dich sogar, wenn du dich nicht bewegst. So ein Unsinn.

Z: Ich bin stets am Kopf meiner Geschichte und gehe vor mich hin.
R: Was? Ich kann nur vor einen anderen hingehen.
Z: Wer einfach so vor sich hingeht, hat kein Ziel. Ich gehe nicht auf etwas zu und komme nicht von etwas her.
R: Aber das scheint mir unmöglich zu sein. Wenn ich mich bewege, bin ich nicht mehr dort, wo ich herkomme, und noch nicht dort, wo ich hingehe. Aber da, wo ich herkomme, ist etwas, und da, wo ich hingehe, ist etwas. Du hingegen kommst nicht von da her und gehst nicht da hin.
Z: Richtig, ich komme daher und gehe dahin. Ich bin auf einem Daher-dahin-Weg.
R: Dann bist du ja ein Dahergelaufener, dessen Name und Herkunft man nicht kennt, und ein Dahingehender.
Z: In der Tat und vergiß nicht, daß ich ein Zeitreisender bin. Ich bewege mich aus der Vergangenheit in die Zukunft oder, wenn du so willst, von gestern nach morgen. Aber ich kann nicht sagen: Gestern ist etwas und morgen ist gegenwärtig etwas. Ich kann nicht sagen, gestern regnet es und morgen scheint im Augenblick die Sonne. Die Grenzen der Sprache scheinen hier die Grenzen der Welt zu sein. Denn wohin sollten der Regen und die Sonnenstrahlen fallen? Wenn sie aber tatsächlich fallen sollten, dann wohl in eine andere Welt oder in andere Welten. Wer aus der Vergangenheit kommt und in die Zukunft geht, kommt nicht von etwas her und geht nicht auf etwas zu.
R: Das scheint mir irgendwie einleuchtend zu sein. Aber du sagtest, daß du vor dich hingehst.
Z: Ja, wer vor sich hingeht, geht an sich vorüber. Er überholt sich und bleibt hinter sich zurück. Der vom Anfang unseres Gesprächs ist zurückgeblieben und jede Erinnerung zeigt mir, daß ich zurückgeblieben bin, gewissermaßen auf der Strecke. Die Erinnerungen scheinen mir Denkmäler zu sein, die ich in einem Land zurückgelassen habe, aus dem ich ausgezogen bin. Aber ich kann sie in Bewegung und auf die Spur setzen. Dann steigen sie vom Podest oder Sockel herab und kommen auf dem Weg der Erinnerung oder auf dem Daher-Weg aus der Tiefe der Zeit herauf und auf mich zu.
R: Ja, aber wenn du hinter dir zurückbleibst, mußt du dich auch überholen.
Z: Ja, selbst dann, wenn ich mich nicht bewege. Du mußt nur darauf achten. Ich bin sogar der immer schon Überholte.
R: Du meinst, wie die letzte Mode überholt ist?
Z: Oder der letzte Schlager. Ich bin nicht up to date. Ich hole den ein, der mich überholt hat.
R: Jetzt verstehe ich überhaupt nichts mehr.
Z: Es ist doch einfach. Der Tote hat mich überholt und ich bin zu dem Toten unterwegs, der ich sein werde.
R: Aber wie kannst du zu jemandem unterwegs sein, der erst sein wird, also noch nicht ist?

Z: Dann bin ich zu dem Toten unterwegs, der ich bin.
R: Das ist ja noch absurder. Wenn du tot wärst, so wärst du schon hingegangen und könntest nicht mehr hingehen.
Z: Dann sag mir doch, wohin ich gehen sollte, wenn ich nicht schon der Tote wäre? Wohin sollte ich gehen und werde ich ihm nicht immer ähnlicher?
R: Du scheinst mir ein seltsames Wesen zu sein und wenn du überhaupt ein Mensch bist, muß der Mensch ein seltsames Wesen sein. Aber nun erklär mir, du Zeitreisender, nachdem du gesagt hast, daß du dich durch die Zeit bewegst, was die Zeit ist.
Z: Zunächst. Ich komme da her, wohin die Zeit geht, und gehe da hin, woher die Zeit kommt. Ich bin ein Gegenläufer der Zeit. Ich schwimme sozusagen gegen den Strom.
R: Nun gut, aber sag mir, du Gegenläufer der Zeit, du Gegen-den-Strom-Schwimmer, was die Zeit ist?
Z: Sag du es mir.
R: Die Zeit ist die Folge der Jetzte oder Augenblicke. Sie ist an die Dinge, die Raumdinge gebunden und vor allem ist sie Gegenwart, Vergangenheit und Zukunft. Das Gegenwärtige nehmen wir wahr und das Vergangene und Zukünftige ist in der vergegenwärtigenden Vorstellung da.
Z: Statt dessen kann man auch sagen: Gegenwart, Nicht-mehr-Gegenwart und Noch-nicht-Gegenwart?
R: Ja, wegen mir.
Z: Ich werde noch die Dinge hinzufügen. Die Zeit ist Gegenwart, Noch-nicht-Gegenwart und Nicht-mehr-Gegenwart der Dinge.
R: Was meinst du damit?
Z: Du hast doch, wenn ich es recht sehe, selbst die Zeit mit den Dingen verknüpft. Du hast sie an sie gebunden, damit sie nicht verfließt und Aussagen möglich sind. Du hast die Dinge in einem gewissen Sinn zeitlos gemacht. Ich verbinde ebenfalls die Dinge mit der Zeit, aber auf ganz andere Weise. Ich verzeitliche die Dinge und verdingliche die Zeit. Im Grunde habe ich das bereits getan, als ich sagte, daß die Dinge am Weg aus der Vergangenheit in die Zukunft erscheinen.
R: Ich verstehe nicht, was du meinst. Und überhaupt. Was soll denn heißen: Gegenwart und Nicht-Gegenwart der Dinge? Man kann von Gegenwart und Nicht-Gegenwart von Menschen sprechen, von ihrer Anwesenheit und Abwesenheit, aber nicht von Dingen.
Z: Auch von ihrem Zur-Stelle- und Nicht-zur-Stelle- und von ihrem Zugegensein und Nicht-Zugegensein, von ihrem Dasein und Nicht-Dasein.
R: Ja, aber eben von Menschen.
Z: Wir sind doch endliche Wesen, sterblich.
R: Ja, natürlich.
Z: Wir sind also Sterbliche?

R: Ja, wenn du willst, obgleich es antiquiert klingt.
Z: Meinst du damit, es sei antiquiert zu sterben?
R: Natürlich nicht, nur der Ausdruck ist antiquiert.
Z: Ich denke immer den Sterblichen mit dem Zugegensein oder der Anwesenheit von Dingen und Menschen zusammen und ihrem Gegenteil, ihrem Nicht-mehr-Zugegensein, ihrer Abwesenheit.
R: Ja, weil sie da sind und nicht mehr da sein werden.
Z: Wir sind nicht nur Lebende, sondern waren Ungeborene und werden Tote sein. Die Dinge und Menschen sind zugegen, waren nicht zugegen und werden nicht zugegen sein.
R: Ich würde lieber umgekehrt sagen: Wir waren nicht da, bei diesen und jenen Dingen, sind da und werden nicht mehr da sein.
Z: Und ich sage umgekehrt: Die Dinge sind nicht da gewesen, sind da, sind da gewesen.
R: Aber ist das nicht Wortklauberei?
Z: Ich glaube nicht. Nimm an, wir sind nicht mehr da.
R: Ja, dann kann man sagen: Sie, gemeint sind wir, sind da gewesen, in diesem Zimmer, an einer Straßenecke, in einer Landschaft.
Z: Aber man kann auch umgekehrt sagen. Die Dinge, das Zimmer, die Straßenecke, die Landschaft, überhaupt etwas ist da gewesen.
R: Ja, aber was soll das?
Z: Wir können also vom Dagewesensein von etwas sprechen?
R: Wegen mir.
Z: Aber das Dagewesensein von etwas ist nicht irgend etwas, was da gewesen ist, sei es ein Ereignis oder ein Ding, das da gewesen ist.
R: Aber was ist es dann?
Z: Es ist die ungeheure Begebenheit, ein Blitzschlag in lauter Nacht.
R: Ich weiß nicht, ob ich dich verstehe.
Z: Und das Zugegensein von etwas ist nicht irgend etwas, das zugegen ist wie auch das zukünftige Sein von etwas nicht irgend etwas ist, das sein wird.
R: Kannst du dich nicht klarer ausdrücken?
Z: Ich will es versuchen. Normalerweise, als Raumfahrer, wenn ich seine, also deine Stelle einnehme, umgeben mich die Dinge. So umgibt mich eine Landschaft. Wir sind inmitten der Dinge, sozusagen mittendrin. Nun aber versuche ich ihr Draußensein zu denken, ihr Zugegensein. Das Draußensein ist das Nicht-Verborgene, Nicht-Versteckte, ehe es wieder in die Verborgenheit, die Unauffindbarkeit verschwindet, sozusagen aus seiner Anwesenheit in die Abwesenheit.
R: Ja, aber warum so kompliziert? Ich gebe ja zu, daß man auch von der Anwesenheit und Abwesenheit von Dingen, nicht bloß von Menschen sprechen kann. Es gibt Dinge, die da sind und solche, es sind fast alle, die nicht da sind. Es gibt nahe und entfernte Dinge. Zu ihnen muß ich mich hinbege-

Über den Lebensweg | 27

ben. Sie sind abwesend und nur weil es diese Abwesenheit gibt, gibt es Raum im Gegensatz zur Allgegenwart, die wir Gott zuschreiben.

Z: Du bist eben ein Raumfahrer. Ich würde dagegen sagen: Nur weil es die Abwesenheit gibt, gibt es die Zeit im Gegensatz zu Gottes Allgegenwart, der weder Raum noch Zeit kennt.

R: Du bist eben ein echter Zeitreisender. Aber erklär es mir genauer.

Z: Auch ich spreche von der Gegenwart und Nicht-Gegenwart der Dinge, aber es ist zeitlich gemeint. Daher spreche ich von der Gegenwart und Nicht-mehr-Gegenwart und Noch-nicht-Gegenwart der Dinge.

R: Aber was meinst du damit? Doch offenbar nicht Dinge in räumlicher Entfernung?

Z: Nun, zum Beispiel die letzten Dinge, aber auch alles, was zwischen mir und ihnen liegt.

R: Was meinst du mit den letzten Dingen?

Z: Die letzten Dinge, die wir in diesem Leben sehen werden und die wir vielleicht überhaupt sehen werden, denn ich weiß nicht, ob wir in einem anderen Leben noch einmal Dinge sehen.

R: Oh Gott, eben die Toten und jetzt die letzten Dinge. Sprechen wir doch von der Gegenwart.

Z: Aber das tun wir die ganze Zeit.

R: Du meinst also den Ort und die Dinge am Ende unseres Lebens.

Z: Ja.

R: Wir können vielleicht auch sagen, daß wir sie am Ende unseres Lebens erreichen.

Z: Erreichen wir sie so, wie wir abwesende Dinge erreichen, ich meine damit im Raum entfernte?

R: Ich glaube nicht, daß man so sprechen kann. Man kann nicht sagen, daß wir dorthin gehen wie zu etwas im Raum, obgleich sie ja irgendwo sein müssen.

Z: Sie sind also auf andere Weise abwesend als etwas im Raum Abwesendes?

R: Ja, offenbar.

Z: Zum Ende des Lebens begibt man sich nicht wie zu etwas im Raum. Aber natürlich ist man stets dahin unterwegs. Man kann sich nicht nicht hinbegeben. Aber wir sollten überlegen, auf welche Weise wir unterwegs zu den letzten Dingen sind.

R: Offenbar sind wir zu ihnen nicht auf die Weise unterwegs wie zum Bäcker oder zur Arbeitsstelle. Wir gehen nicht darauf zu. Die letzten Dinge sind nicht da wie ein Dorf am Ende einer Straße. Ich kann mich nicht einfach hinbegeben.

Z: So scheint es mir auch zu sein. Und wenn wir zum Bäcker gehen oder zur Arbeit fahren, sind wir auch unterwegs zu den letzten Dingen.

R: Aber irgendwie sind sie doch da, ich meine im Raum, nur wissen wir nicht, wo sie sind und wann wir ankommen.

Z: Das ist die Vorstellung des Raumreisenden und wie gesagt, ich sage nicht, daß sie falsch sei. Aber wir sollten den Ausdruck »unterwegs« zu den letzten Dingen vielleicht vermeiden, weil wir dadurch verführt werden zu denken, wir seien zu etwas unterwegs, was offenbar nicht der Fall ist.

R: Aber wie sollen wir zu etwas unterwegs sein, was nicht da ist? Was ist mit den letzten Dingen? Sie sind doch irgendwie da und am Ende meines Lebens werde ich dort sein.

Z: Sie sind jedenfalls die entlegensten Dinge, aber nicht in der Art wie etwas im Raum entlegen ist. Sie liegen hinter allen anderen Dingen. Ich glaube, sie sind da, ohne da zu sein.

R: Ich denke, ich verstehe, was du meinst. Das Gegenwärtige ist in der Wahrnehmung da, das Vergangene und Zukünftige in der erinnernden und erwartenden vergegenwärtigenden Vorstellung und ohne sie gäbe es gar nicht Vergangenes und Zukünftiges wie überhaupt die Zeit. Die letzten Dinge sind in der vergegenwärtigenden Erwartung da.

Z: Du erinnerst dich, daß wir über die Zeit sprachen. Du sagtest, sie sei Gegenwart, Nicht-mehr-Gegenwart und Noch-nicht-Gegenwart und ich fügte hinzu, der Dinge selbst. Ich glaube auch, daß Zeit und Mensch zusammengehören, aber auf andere Weise, als du denkst. Die letzten Dinge sind da in der Weise des Noch-nicht-da oder zugegen in der Weise des Noch-nicht-zugegen, nicht weil wir sie vergegenwärtigen, sondern weil wir unterwegs sind. Wären wir nicht unterwegs, würden sie auch nicht hervorkommen.

R: Aber diesen Ausdruck »unterwegs« wollten wir vermeiden.

Z: Ja, sagen wir statt dessen: Weil ein Weg sich begibt.

R: Jetzt wird es noch dunkler.

Z: Aber wir sagten doch eben, daß wir uns zu den letzten Dingen nicht begeben können wie zu etwas im Raum. Es gibt keinen durchgehenden ausgelegten Weg dahin. Aber wir gehen dahin. Also begibt sich der Weg, wir können wohl auch sagen, die Dinge begeben sich, die am Weg liegen. Und schließlich wenn wir ankommen, werden wir sagen, daß wir uns dorthin begeben haben oder daß sich der Weg begeben hat? Ich werde aber trotzdem den Ausdruck »unterwegs« gebrauchen, was aber nicht heißt, auf etwas zu. Die letzten Dinge sind von Anfang an da in der Weise des Noch-nicht-da, weil wir unterwegs sind. Vielleicht kann man auch sagen, solange oder während wir unterwegs sind oder auch umgekehrt: Weil, solange, während sie da sind in der Weise des Noch-nicht-da sind wir unterwegs. Denn sie entziehen sich bis zuletzt.

R: Wir können nicht einfach hingehen. Was ist es aber dann?

Z: Es ist eher ein Her- und Hervorbringen, bis sie hier sind wie dieser Tag und dieses Zimmer hier sind. Und das gilt auch für alles, was zwischen mir und den letzten Dingen liegt. Es führt kein Weg dahin, wir werden dahin geführt. So scheint es mir wenigstens.

Über den Lebensweg

R: Für mich gibt es, wie schon gesagt, die Landschaften, die im Raum an der Erdoberfläche ausgebreitet sind. Und dann gibt es die Zeit, die Tage und Nächte, die Jahreszeiten, die vorübergehen. Einmal regnet es auf der Straße, dann scheint die Sonne, dann schneit es darauf. Einmal blühen die Bäume an der Straße, dann stehen sie entlaubt da. Einmal liegt auf der Wiese Schnee, dann sprießen dort Blumen. In der Stadt wird ein Sommerfest gefeiert oder der Weihnachtsmarkt aufgeschlagen. Aber Straße, Bäume, Wiese, Stadt sind das Vorausgesetzte, das die Zeit Durchstehende, von ihr in einer gewissen Weise unabhängig, das Feststehende. Und deshalb kann ich Feststellungen treffen oder Aussagen machen: Auf der Straße lag im vergangenen Jahr Schnee. Im Frühjahr werden dort die Bäume blühen. Am Ende des Jahres wird in der Stadt ein Weihnachtsmarkt aufgebaut.

Z: Ich bin da hin unterwegs und komme von da her.

R: Aber dann kämst du ja von etwas her, was nicht mehr ist, und wärst unterwegs zu etwas, was noch nicht ist.

Z: Ja.

R: Du wärst unterwegs zu einer Straße, auf der die Bäume blühen, zu einer Sommerwiese, zu einer Stadt, in der das Sommerfest gefeiert wird, jetzt, da es Winter ist? Aber das ist unmöglich. Du mußt warten, bis es Frühling ist, bis es Sommer ist. Dann kannst du dich hinbegeben.

Z: Aber während du wartest, bin ich vielleicht unterwegs.

R: Aber so spricht man nicht. Und den Weg, der dorthin führt, gibt es nicht oder kannst du ihn mir zeigen?

Z: Ja, so spricht man nicht. Aber man sagt gewöhnlich auch nicht, daß man auf dem Weg zu den letzten Dingen sei und doch ist es so. Den Weg, der dahin führt, kann ich dir nicht zeigen. Es gibt ihn nicht, er begibt sich erst. Das sagten wir schon. Es ist ein verborgener Weg, den wir offenlegen oder vielleicht besser gesagt, wir legen die Dinge offen, die an unserem Weg liegen. So ist es mit den letzten Dingen und mit allen, die zwischen mir und den letzten Dingen liegen.

R: Ich meine einiges zu verstehen. Manchmal sehe ich es, aber dann verliere ich es wieder aus den Augen. Kannst du es nicht deutlicher machen?

Z: Ich will es versuchen, obgleich es mir oft nicht anders geht als dir. Für dich scheint alles erreichbar zu sein. Natürlich gibt es auch für dich Dinge, die unerreichbar sind. Sie liegen außerhalb deiner Reichweite, zum Beispiel die Sterne. Aber grundsätzlich ist alles erreichbar. Aber für mich ist zunächst alles unerreichbar: Die letzten Dinge, die Straße mit den blühenden Bäumen, es wird erreichbar.

R: Noch deutlicher.

Z: Es gibt nicht das Haus, die Wiese, die Straße.

R: Was, es gibt sie nicht?

Z: Nein, das sind Abstraktionen. Es gibt nur das Haus, in dem ich wohne oder

gern wohnen würde, in dem mein Freund wohnt, das baufällig ist, das zum Verkauf steht. Es gibt nur die Straße, auf der die Bäume blühen oder entlaubt dastehen, die wegen Bauarbeiten gesperrt ist, auf der mein Auto stehen geblieben ist. Die Dinge tauchen nur auf dem Weg durch die Zeit auf oder einem Zeitwegreisenden, wenn du so willst, und nur an einer bestimmten Stelle seines Wegs, also einem Älteren oder Jüngeren, und nur in einer Situation. Das ist es ja, was ich mit der Verzeitlichung der Dinge und der Verdinglichung der Zeit meinte. Oder glaubst du denn, ich würde mich durch so etwas Abstraktes bewegen wie einem Fluß der Jetzte, als sei ich auf einer Springprozession, und würde von einem Jetzt zum anderen hüpfen? Die Zeit, sagten wir, ist Gegenwart und Noch-nicht- und Nicht-mehr-Gegenwart der Dinge selbst. Mein Weg führt mich durch die lebendige Welt der Menschen und Dinge, ich befinde mich geradezu auf einer Abenteuerreise. Es ist mir verborgen, was kommen wird, und ich lege es offen.
R: Du klingst ja geradezu euphorisch.
Z: Ja, ich bin auf einem Weg von Anfang bis Ende. Welche Weite tut sich da auf, die allerdings nicht die Weite des Raumes ist.
R: Kannst du nicht etwas – herunterkommen?
Z: Ich sprach vom Daher-dahin-Weg, vom Weg zu den letzten Dingen, auch vom Weg der Erinnerung und Erwartung. Ich will ihn jetzt den Lebensweg nennen. Wo immer wir sind, was immer wir tun, wir sind auf dem Lebensweg. Das wirst du doch nicht leugnen?
R: Sollten wir ihn nicht besser den Todesweg nennen, da er ja bei den letzten Dingen und mit dem Tod endet?
Z: Nein, es ist der Weg des Lebens.
R: Aber der Lebensweg ist kein richtiger Weg. Er ist bloß wie ein Weg. Er ist kein Weg von hier nach dort, zum Beispiel von Freiburg nach Teningen. Es ist bloß eine Metapher.
Z: Aber wenn du auf dem Weg von Freiburg nach Teningen bist, so bist du doch, wie wir eben sagten, auf dem Lebensweg, und zwar an einer bestimmten Stelle und vieles liegt hinter dir und anderes vor dir, allerdings nicht wie Dinge im Raum, z. B. Wegstücke, auf einem räumlichen Weg vor und hinter uns liegen. Ich denke, daß der Lebensweg der große Weg, der Hauptweg ist.
R: In meiner Welt gibt es auch einen Lebensweg. Aber wir sprechen besser von einem Lebenslauf, den man anfertigen soll. Man schreibt auf, was man wo und wann gemacht hat. Einen Lebenslauf kann man auch tabellarisch anfertigen mit den Rubriken: Zeit, Ort, Handlung.
Z: Ich sage noch einmal: Alle unsere Wege und Aufenthalte sind nur Teile des einen Weges, der vom Anfang des Lebens bis zu seinem Ende führt. Wo immer du bist, du befindest dich auf diesem Weg, wenn du es auch häufig vergißt. Für dich liegen die Dinge im Raum und du bist einmal da und dann

dort, während die Zeit, das ist die abstrakte Folge der Jetzte, vergeht. Aber für mich liegen sie am Weg von der Vergangenheit in die Zukunft, von gestern nach morgen oder auf dem Weg zu den letzten Dingen. Und wo anders sollten sie denn sonst sein? Sie erscheinen nur dort und nur jemandem, der auf dem Weg ist. Alles, was ist, Menschen, Dinge, Ereignisse begegnen nur auf diesem Weg.

R: Und du meinst, es gäbe nichts außerhalb des Weges?

Z: Wenigstens wissen wir nichts davon und wenn wir etwas davon erfahren würden, so wäre es ja auf dem Weg und würde uns dort begegnen und nicht außerhalb. Der Lebensweg ist das Offenlegen des Lebensweges selbst, das heißt der Dinge und Ereignisse, die am Weg liegen.

R: Was die Ereignisse angeht, würde ich dir recht geben. Zunächst wissen wir nicht, was uns alles zustoßen wird, ob Krieg sein wird, ob wir krank sein werden, ob wir heiraten werden, welchen Beruf wir ergreifen werden. Am Anfang also liegt das Leben vor uns wie das offene Meer den frühen Seefahrern. Es ist alles offen, das heißt verborgen, so wie der Fall des Würfels offen ist, das heißt verborgen. Am Ende aber liegt alles offengelegt, aufgedeckt, entborgen hinter uns.

Z: Ja, aus dem Weg der Erwartung ist der Weg der Erinnerung geworden und wo wir eben noch in die Zukunft blickten und hineingingen, blicken wir nun in die Vergangenheit und kommen aus ihr hervor. Wir wissen nun, was uns zustoßen wird.

R: Genau so, wobei wir das Leben auch einander offenlegen.

Z: Und offenlegen, wer wir selbst sind.

R: Aber die Dinge müssen nicht offengelegt werden. Sie liegen doch offen vor uns.

Z: Ich dachte auch an die Dinge. Ich glaube, daß sie sich begeben und daß wir sie her- und hervorbringen. Der Lebensweg ist ein Zugegen und Nicht-mehr-zugegen- und Noch-nicht-zugegen-sein-lassen der Dinge. Nimm ein Stück Weg weit, weit vor dir. Du meinst, du entdeckst etwas, was schon da ist. Aber es ist da, indem du es entdeckst.

Kurze Abhandlung über den Lebensweg die Umkehrung und das Verhalten

1	Von der Erfahrung des: Das kann nicht sein	34
2	Raumfahrer und Zeitreisender	35
3	Von der Gegenwart und der Gegenwart der Dinge	36
4	Die Weite des Raumes und die Weite des Lebens	39
5	Zuordnung	41
6	Von den letzten Dingen	42
7	Alles, was ist, liegt am Weg zu den letzten Dingen	45
8	So spricht man nicht	49
9	Vom Fallen und Aufgefangenwerden	50
10	Vom Lebensweg	51
11	Vom Zusammensein und den Lebenden	56
12	Von den Toten	59
13	Von den Ungeborenen	61
14	Über Himmel und Erde	63
15	Von der Gegend	66
16	Über das Verhalten	69

1 Von der Erfahrung des: Das kann nicht sein

1.1 In der Regel weiß ich Bescheid. Ich bin jetzt hier in diesem Zimmer, ich weiß, es ist ein Zimmer in diesem Haus, das in einer Straße einer mir bekannten Stadt liegt, die in einem Land sich befindet, das ein Teil der Erde ist, die ein Planet im Weltall ist. Ähnlich wie mit dem Raum geht es mir mit der Zeit. Ich habe eine, wenn auch sehr unvollständige Kenntnis von der Vergangenheit, ich weiß, wie ich hierher gekommen bin und habe bestimmte Erwartungen, was die Zukunft angeht. Es gibt zwar viel Fragwürdiges und Vieles, was ich nicht verstehe. Das Sein der Welt und mein eigenes aber ist mir in der Regel fraglos und selbstverständlich.

1.2 Nun mache ich jedoch manchmal eine Erfahrung, stärker oder schwächer, in der diese Selbstverständlichkeit und Vertrautheit erschüttert wird. Ich möchte sie die Erfahrung des: »das kann nicht sein« nennen. Gewöhnlich beziehen wir diesen Satz auf eine Sache, ein Ereignis, ein Verhalten, das wir nicht verstehen und erklären können. Wir suchen womöglich nach einer Erklärung oder einem Grund. Wir versuchen es einzuordnen. Aber immer beziehen wir den Satz auf eine Sache und das Dasein der Welt bleibt dabei das Fraglose und Selbstverständliche.

1.3 Es kann allerdings sein, daß die Erfahrung, von der ich spreche, von etwas ausgeht. Etwas in der Welt ist so anders, hat sich derart verändert, daß uns die Welt selbst als ganze anders erscheint, als wir bisher geglaubt haben. Wir werden aus dem Gewohnten und Üblichen herausgerissen. Wir konnten uns nicht vorstellen, daß derartiges eintreten würde. Was wir sehen und was geschieht, übersteigt unser Fassungsvermögen. Wir hätten es nicht für möglich gehalten. Es ist unfaßbar und unbegreiflich. Es kann einfach nicht sein.
Auch in dieser Erfahrung, die von einer Veränderung ausgeht, kann die Wirklichkeit entgleiten und gerade dabei wird klar, daß sie Wirklichkeit ist. So wie wir, wenn wir von einem Traum erwachen, merken, daß es ein Traum war und nicht Wirklichkeit, erwachen wir gleichsam von der Wirklichkeit und erfahren, daß sie Wirklichkeit ist.

1.4 Doch kann auch mitten im Alltag die Fraglosigkeit und Selbstverständlichkeit des Sein der Welt schwinden. In dieser Erfahrung wird der Satz gerade nicht auf etwas bezogen, sondern auf das Sein der Welt. Dieses aber wird nicht geleugnet oder in irgendeiner Weise in Frage gestellt, sondern geht erst auf, während es zuvor fraglos und unauffällig gewesen war. Man denkt dabei: Es wäre näherliegender, wenn nichts wäre, es wäre verständlicher. Allerdings gäbe es dann auch nichts zu verstehen.

1.5 Es ist das Gewahrwerden und die Wahrnehmung, daß überhaupt etwas ist. Die Erfahrung wird oft in die Frage gekleidet: »Warum ist überhaupt etwas und nicht nichts?« Am Sein wird dabei nicht gezweifelt noch wird es für eine Täuschung gehalten, sondern es geht gerade auf, was sonst verborgen bleibt: es ist etwas. Es ist die Erfahrung dessen, was nicht zu begreifen ist, und mehr gibt es nicht zu begreifen. Man muß aber bei dieser Erfahrung ausharren und nicht sogleich nach einer Antwort oder einem Grund suchen, etwa in der Weise, daß man die Himmelsleiter der Gottesbeweise anlegt. Dann machen wir die Erfahrung nicht, es ist ja gerade die Erfahrung der Grundlosigkeit.

1.6 Die wirkliche Erfahrung des: das kann nicht sein, bezieht sich also nicht auf etwas. Womit ich mich sonst beschäftige, woran ich denke, worauf ich treffe, es ist **etwas**. Nun aber mache ich die Erfahrung: es **ist** etwas. Die Betonung wandert von: etwas zum ist. Beide: es ist etwas, gehören zusammen, das eine kann ohne das andere nicht sein.

Ich kann statt dessen auch von etwas, was da ist, und vom Da von etwas sprechen. Das Da von etwas ist nicht etwas, das da ist, aber auch nicht ohne etwas, das da ist. Beides gehört zusammen wie die zwei Seiten eines Blattes, von denen uns die eine zugekehrt und aufgedeckt, die andere abgekehrt und verdeckt ist. Etwas, was da ist, ist uns entdeckt, das Da von etwas bleibt in der Regel verdeckt.

2 Raumfahrer und Zeitreisender

2.1 Im allgemeinen aber halte ich mich im Bereich des Vertrauten und Bekannten auf. Ich bewege mich im Raum, während die Zeit vergeht. Ich komme von da her und gehe da hin und kehre zurück. Ich bin nicht mehr da und noch nicht da. Aber natürlich nehme ich an, daß die Dinge, ich verstehe darunter Landschaften, Berge, Täler, Straßen, Städte, Dörfer, Häuser, von denen ich herkomme und zu denen ich gehe, noch da und schon da sind. Ich zweifle nicht daran, daß sie Stellen im Raum einnehmen. Ich bin also von Dingen umstellt und aus ihrem Umkreis kann ich nicht heraustreten. Meine Umgebung kann zwar ständig ein anderes Aussehen haben, etwa dann, wenn ich reise, aber aus der Umgebung komme ich nie heraus.

2.2 Nun gliedert sich aber alles Hin und Her, Vor und Zurück und alle Aufenthalte bei den Dingen, während die Zeit wie unabhängig davon vergeht, zu einem Nacheinander, einer Aufeinanderfolge, einem Früher und Später. Wenn ich im Raum umkehre, rücke ich doch weiter vor in der Zeit und kann nicht umkehren. Ich bewege mich also nicht nur im Raum hin und her und halte mich auf, während die Zeit kommt und geht, ich bewege mich zugleich durch die kommende und gehende Zeit selbst oder, so möchte ich sagen, werde bewegt, denn es geschieht mir ja mehr als daß ich es tue. Diese Bewegung ist unaufhaltsam und unumkehrbar. Es handelt sich dabei um keinen Weg von hier nach dort als Verbindungslinie zwischen zwei Orten und als Gang zwischen ihnen, sondern um ein Vorrücken aus der Vergangenheit in die Zukunft. Es ist offenbar, daß ich mich nicht allein von hier nach dort bewege, sondern daß ich aus der Tiefe der Vergangenheit komme und in die Tiefe der Zukunft gehe.

2.3 Ich entdecke also zwei Seiten an mir oder bin wie zwei Personen. Der Kürze und Einfachheit halber nenne ich sie Raumfahrer und Zeitreisender.

Ich gebrauche die beiden Wörter nicht im üblichen Sinn. Raumfahrer bedeutet also nicht, daß jemand im Weltraum sich bewegt, sondern einfach, daß er sich im Raum zwischen den Dingen bewegt. Zeitreisender bedeutet nicht, daß jemand sich in vergangene oder zukünftige Zeiten versetzen kann, sondern einfach, daß er durch die Zeit bewegt wird.

Ich erfahre mich häufiger als Raumfahrer, er steht im Vordergrund, während der Zeitreisende im Hintergrund bleibt. Beide aber gehören zusammen wie ein Paar, wie Zwillingsbrüder, ja wie Körper und Schatten. Sie sind unzertrennlich, man trifft sie stets zusammen an, obgleich sie auf getrennten Wegen gehen.

2.4 Man könnte denken, daß wir als Raumfahrer und Zeitreisender in verschiedenen Welten leben. Wir werden beide und beider Welten als gleichberechtigt ansehen. In Wahrheit handelt es sich um eine Welt so wie auch Raumfahrer und Zeitreisender ein Mensch sind. Es handelt sich um die zwei Seiten einer Sache, von denen die eine uns zugekehrt, die andere von uns abgekehrt ist. Die eine Ansicht ist die alltägliche und selbstverständliche des Raumfahrers, die andere die noch unbekannte des Zeitreisenden. Es ist aber nicht eine Ansicht falsch und die andere richtig und wahr, sondern, wenn man überhaupt davon sprechen möchte, ist die eine vordergründig und oberflächlich, die andere hintergründig und tiefsinnig.

Wir werden versuchen, die uns abgekehrte Seite uns zuzukehren, die uns abgewandte uns zuzuwenden. Die Umkehrung oder das Umschlagen des Blickes kann nur durch die Sprache und ihre Wendungen geschehen.

Dabei werden wir versuchen, den Zeitreisenden, der im Schatten des Raumfahrers steht, aus seinem Schattendasein zu befreien. Tatsächlich erfahre ich mich ja viel mehr als Raumfahrer, also als jemanden, der sich bei den Dingen im Raum aufhält und sich zwischen ihnen bewegt denn als jemanden, der durch die Zeit bewegt wird.

3 Von der Gegenwart und der Gegenwart der Dinge

3.1 Ich sagte, daß wir uns im Raum bei den Dingen aufhalten und uns zwischen ihnen bewegen, während die Zeit vergeht, und zugleich durch die Zeit selbst bewegt werden. Also muß ich jetzt sagen, was die Zeit ist. Dabei soll aber genügen, das anzuführen, was allgemein über die Zeit gedacht wird. Die Zeit bringen wir in Verbindung mit früher und später. Wir sagen auch, daß sie Gegenwart, Vergangenheit und Zukunft sei. Vergangenheit ist Nicht-mehr-Gegenwart und Zukunft Noch-nicht-Gegenwart. Aber was heißt »Gegenwart«? In der Regel werden wir sagen »jetzt« oder das »Jetzt«, was auch immer das heißen mag.

Die Zeit kommt und geht und wir stellen sie als Fluß der Jetzte vor. Zugleich aber kommt sie nicht und geht sie nicht, sondern bleibt. Bleiben ist Nicht-Kommen und Nicht-Gehen. Die Zukunft, indem sie kommt, bleibt, die Gegenwart, indem sie geht, bleibt Gegenwart und die Vergangenheit vergeht nicht mehr, sondern bleibt.

3.2 Die Zeit, was auch immer sie sein mag, kommt und geht mit den Ereignissen, während die Raumdinge wie Berge, Täler, Städte, Dörfer, Straßen, Häuser die Zeit durchstehen, obgleich auch sie in der Zeit und irgendwann entstanden sind und wieder verschwinden.

Von einem Ereignis sagen wir: es ist noch nicht, es ist, es ist nicht mehr. Von einem Ding sagen wir: es ist schon, es ist noch. Die Ereignisse verbinden wir mit der Zeit, die kommt und geht, die Dinge mit der Zeit, die nicht kommt und geht, also bleibt. Die Dinge kommen und gehen nicht wie Ereignisse mit der Zeit, sonst würde sie gänzlich vergehen und verfließen. Weil es das Feststehende, das die Zeit Durchstehende der Dinge, weil es diese Anhaltspunkte gibt, können wir Feststellungen treffen. Es ist das immer schon Vorausgesetzte, an das wir Aussagen knüpfen können. Deshalb kann ich sagen: »Ich bin jetzt hier, werde dort sein, war vor langer Zeit hier, werde wieder hier sein. Da und dort hat dieses und jenes stattgefunden. Der Raum mit den Dingen steht, die Zeit mit den Ereignissen vergeht«.

3.3 Schließlich scheint die Zeit mit dem Menschen zu tun zu haben. Das Gegenwärtige nehmen wir wahr, das Vergangene erinnern, das Zukünftige erwarten wir. Vergangenheit und Zukunft sind in der vergegenwärtigenden erinnernden und erwartenden Vorstellung da.

3.4 Nun sprechen wir aber noch in anderer Weise von der Zeit oder von Gegenwart, Noch-nicht- und Nicht-mehr-Gegenwart. Wir sagen zum Beispiel, jemand sei da oder noch nicht da oder nicht mehr da. Er ist also anwesend, wird erwartet oder ist gegangen. Jemand, der erwartet wird oder gegangen ist, kann auch ein Ungeborener oder Toter sein.

»Da« heißt in diesem Fall nicht »an einer Stelle« oder »vorhanden«, sondern zur Stelle, anwesend, zugegen, gegenwärtig. Wir sprechen also von der Gegenwart, Noch-nicht- und Nicht-mehr-Gegenwart eines Menschen, was natürlich nicht Jetzt oder Nicht-Jetzt eines Menschen heißt.

3.5 In erweitertem Sinn können wir auch von der Gegenwart und Noch-nicht- und Nicht-mehr-Gegenwart von Dingen sprechen, also von Straßen, Häusern, Bäumen, Landschaften. Was aber hat es mit der Zeit zu tun? Es wird sofort deutlich, wenn wir uns darauf besinnen, daß wir nicht waren und nicht sein werden. Wir waren Ungeborene und werden Tote sein. Geburt und Tod bringen wir in Verbindung mit dem Erscheinen und Verschwinden von Menschen und Dingen. Ihr Nicht-Versteckthein, ihre Entdecktheit, ihr Draußensein ist von uns nicht machbar, aber auch nicht ohne uns. Ich muß nur den Flecken Erde zu meinen Füßen betrachten und mir klar machen, daß er da war, als ich lebte, und sogleich wird die Nähe der Dinge, die ich anfassen und nach denen ich greifen kann, unfaßbar und unbegreiflich. Auf dem Hintergrund ihrer einstigen Unauffindbarkeit, ihrer Noch-nicht- und Nicht-mehr-Gegenwart wird deutlicher, was es heißt: Gegenwart der Dinge. Der zeitliche Sinn von »Gegenwart der Dinge« wird klarer. So wie wir von Menschen sagen können, daß sie da oder noch nicht da oder nicht mehr da sind, sagen wir es auch von den Dingen.

3.6 Wir haben die Zeit auf verschiedene Weise mit den Dingen in Verbindung gebracht. Einerseits ist die Zeit, also Gegenwart, Nicht-mehr-Gegenwart und Noch-nicht-Gegenwart an die Dinge gebunden, sie würde sonst verfließen und vergehen. Die Dinge aber stehen die Zeit durch wie ein Wehr einen Fluß.

Andererseits haben wir die Dinge an die Zeit, an Gegenwart, Nicht-mehr-Gegenwart und Noch-nicht-Gegenwart gebunden. Wir sprechen deshalb von der Gegenwart, Nicht-mehr-Gegenwart und Noch-nicht-Gegenwart der Dinge selbst. Wir haben die Zeit verdinglicht und die Dinge verzeitlicht. Während die Zeit sonst völlig ungegenständlich und unsinnlich ist, haben wir sie nun gegenständlich gemacht. Wir können deshalb auch von abstrakter und konkreter Zeit sprechen.

5.7 Die abstrakte Zeit haben wir wie selbstverständlich dem Raumfahrer zugeordnet. Er bewegt sich im Raum zwischen Dingen und hält sich bei ihnen auf, während die Zeit kommt und geht. Die Raumdinge stehen die Zeit durch, sie sind in einem gewissen Sinn zeitlos und geben der Zeit etwas Bleibendes. Die relative Zeitlosigkeit der Dinge ist die Voraussetzung dafür, daß wir Aussagen machen können. Wir werden sehen, ob wir die konkrete Zeit dem Zeitreisenden zuordnen können.

4 Die Weite des Raumes und die Weite des Lebens

4.1 Der Raumfahrer bewegt sich durch den Raum und seine Weite, der Zeitreisende durch die Zeit. Statt dessen kann ich auch sagen durch die Weite des Lebens, die sich zwischen Anfang und Ende auftut. Man sieht sofort, daß dieser Weg unumkehrbar und unaufhaltsam ist so wie wir es eben ja auf dem Weg durch die Zeit sagten. Man sieht auch sogleich, daß wir, egal wo wir uns bewegen oder aufhalten, auf diesem Weg sind. Man kann sagen, daß sich alle Wege und Aufenthalte im Raum zu diesem einen Weg zusammenschließen.
Zunächst wollen wir genauer sehen, um welche Wege es sich jeweils handelt.

4.2 Ich bin als Raumfahrer stets irgendwo, an einem Ort, ich nehme stets eine bestimmte Lage oder Position ein. Wenn ich von einem Ort zum anderen unterwegs bin, so bin ich nicht mehr da an dieser Stelle und noch nicht da an jener. Die Orte allerdings werden wie gesagt als noch und schon daseiend vorgestellt. Ich komme von da her und gehe da hin. Ich kann auch rasten und mich an einem Ort aufhalten.

4.3 Zugleich bin ich als Zeitreisender stets auf der äußersten, vorgeschobensten Position, gleichsam am Kopf meiner Geschichte, die ich im Schlepptau habe. Aber natürlich bin ich nicht deren Kopf oder Lenker.
So wie jeder Buchstabe, den ich schreibe, zunächst der zuvörderste, äußerste ist und die unbeschriebene leere Stelle des Papiers bedeckt und dann vom nächsten überholt wird und dahinter zurückbleibt, ist es mit mir selbst. Als Zeitreisender überhole ich mich und niemanden anderen, während ich als Raumfahrer einen anderen überholen kann, indem ich mich schneller als dieser bewege. Wer sich selbst überholt, geht vor sich hin und bleibt hinter sich zurück. Ein Beispiel: Ich bin zu Hause, gehe zum Auto, fahre in die Stadt, parke, gehe in ein Kaufhaus, in ein Restaurant, gehe zum Auto und fahre zurück. Während ich mich im Raum bewege, dringe ich unaufhaltsam in die Zukunft vor und lasse mich in der Vergangenheit zurück, zu Hause, auf dem Parkplatz, im Kaufhaus und so weiter. Diese Bewegung ist so wenig aufzuhalten wie die Zeit selbst. Da ich vergeßlich bin, bleibt von der Spur, die ich ziehe, nur wenig übrig.
Egal, ob mir ein anderer meine Geschichte diktiert und ich nur eine Nachschrift verfasse, ob ich sie mit anderen oder weitgehend selbst schreibe, ich kann sie nicht nicht schreiben.

4.4 Ich gehe also vor mich hin, das heißt ich überhole mich ständig und bleibe hinter mir zurück. Wer einfach so vor sich hingeht wie ein Spaziergänger etwa hat kein bestimmtes Ziel. Der Zeitreisende kommt nicht von da her und geht da hin wie der Raumfahrer. Er kommt wie gesagt daher und geht dahin, denn in der Vergangenheit ist nicht etwas, woher er kommen könnte, und in der Zukunft ist nicht etwas, wohin er gehen könnte.

4.5 Wenn der Zeitreisende seinen Wegplan entwirft, so sieht er nicht eine Erstreckung zwischen zwei Orten im Raum vor sich wie der Raumfahrer, sondern er sieht, weit, weit da vorn in einem nicht räumlichen, sondern zeitlichen Sinn den Toten liegen, der er sein wird. Er ist, indem er von Anfang an vor sich hingegangen ist, der immer schon Überholte oder ein Vorübergehender, Vorbeigehender.

Das Leben aber ist das Einholen dessen, der mich überholt hat, des Toten, der ich bin. Nun kann man gegen den Ausdruck: der Tote, der ich bin, einwenden: Wenn der Tote schon wäre, so könnte ich nicht mehr hingehen, ich wäre schon hingegangen. Andererseits: Wohin sollte ich gehen, wenn der Tote nicht schon in gewisser Weise da wäre? Ich würde mich verlaufen wie ein Fluß, der irgendwo in der Wüste endet und versandet.

4.6 Auf einem Weg zwischen zwei Orten kann ich natürlich weiter sein oder weiter zurück je nach der Geschwindigkeit, mit der ich mich bewege. Überhaupt kann ich anderswo sein, an einem anderen Ort. Aber auf dem Weg durch die Weite des Lebens kann ich nicht weiter sein oder weiter zurück. Das wäre so als könnte ich einen Tag weiter sein oder weiter zurück. Ich könnte wohl anderswo sein, z. B. in Amerika, aber nicht weiter oder weiter zurück.

Ich bin stets am weitesten, auf dem äußersten Punkt meines Weges. Ich mußte alle Wege meines Lebens machen und alle Tage durchlaufen, um zu diesem Punkt zu gelangen, der immer der Schnittpunkt zwischen verborgener, noch offener Zukunft und offengelegter Vergangenheit ist.

Ich habe nicht eine bestimmte Stelle wie auf einem Weg im Raum erreicht. Sie ist erreichbar geworden, ist zur Stelle. Ich war zu einem Tag unterwegs, der heute ist und so wenig wie ich ihn vorher erreichen konnte so wenig das, was am Tag liegt, was zu Tage liegt, zum Beispiel die Landschaft, die von der aufgehenden Sonne erhellt wird.

4.7 Auf einem Weg durch die Weite des Raumes und durch die Weite des Lebens liegt jeweils etwas hinter und vor uns und auch das auf verschiedene Weise. Bei einem im Raum ausgelegten Weg, der Verbindungslinie zwischen zwei Orten, liegt ein Stück, die zurückgelegte Strecke, hinter mir, ein anderes Stück liegt vor mir. Ich bin an einer bestimmten Stelle des Weges. Das, was hinter mir liegt, ist noch da, das, was vor mir liegt, ist schon da. Ich bin gegenwärtig, d. h. jetzt, da, an dieser Stelle.

So ist es offenbar bei einem Weg durch die Zeit nicht. Das, was hinter mir liegt, ist nicht mehr da und das, was vor mir liegt, ist noch nicht da. Wäre es anders, so müßte ja etwas gegenwärtig in der Zukunft und etwas in der Vergangenheit sein. So zu denken aber erlaubt uns die Sprache nicht.

Wir denken also gerade das Umgekehrte. Denn als Raumfahrer sage ich ja: Ich bin es, der nicht mehr da, der noch nicht da und der jetzt da ist an dieser und jener Stelle. Nun aber sollen die Dinge nicht mehr da, noch nicht da und da sein, d. h. nun nicht mehr »an einer Stelle«, sondern »zur Stelle«.

5 Zuordnung

5.1 Die Zeit, sagen wir, kommt und geht. Aber die Dinge stehen im Fluß der Zeit fest wie ein Wehr in einem Strom. Das ist die Voraussetzung dafür, daß ich Aussagen machen kann: »Ich bin jetzt hier. Ich war hier. Ich werde wieder hier sein. Ich war in der Vergangenheit da und dort. Ich werde in der Zukunft da und dort sein.« Das ist die Position des Raumfahrers.

Die des Zeitreisenden aber ist folgende: Die Zeit kommt und geht. Wir kommen und gehen mit der Zeit oder genauer genommen gegen die Zeit. Wir kommen da her, wohin die Zeit geht und gehen dahin, woher sie kommt. Wir sind Gegenläufer der Zeit. Nun haben wir aber die Zeit nicht mehr als Gegenwart, Vergangenheit und Zukunft oder als Fluß der Jetzte gedacht, und tatsächlich bewegen wir uns ja nicht durch derart Abstraktes in der Art einer Springprozession.

Wir sprachen statt dessen von der Gegenwart, der Nicht-mehr-Gegenwart und der Noch-nicht-Gegenwart der Dinge selbst. Statt Gegenwart können wir auch Dasein, Zur-Stelle-sein, Zugegensein, Anwesenheit sagen.

5.2 Wir sagen nicht mehr: Wir sind jetzt da bei diesen oder jenen Dingen, sondern: die Dinge sind da. Wir sagen nicht mehr: Wir sind in der Vergangenheit da und dort gewesen, bei diesen und jenen Dingen, sondern die Vergangenheit ist das Nicht-mehr-da der Dinge selbst.

Wir sagen nicht mehr: In der Zukunft werden wir da und dort sein, bei diesen und jenen Dingen, sondern Zukunft ist das Noch-nicht-da der Dinge selbst.

5.3 Indem wir auf einem Weg in die Zukunft sind, gehen wir auf etwas zu, was noch nicht da ist. Aber wie soll das möglich sein? Schon in den Ausdrücken: Auf dem Weg zu, unterwegs zu, ist doch gemeint, daß ich auf etwas zugehe. Ich treffe doch stets auf etwas, was schon da ist.

5.4 Wir müssen also etwas suchen, was noch nicht da ist. Es ist leichter zu finden, als wir denken. Wir müssen nur auf den Weg achten, auf dem wir sind. Wir sind auf einem Weg durch die Weite des Lebens an das Ende des Lebens. Statt dessen können wir auch vom Weg zu den letzten Dingen sprechen. Sie sind noch nicht da, d. h. zur Stelle, zugegen, anwesend, und ein Beispiel dafür, daß wir die Zeit mit den Dingen verknüpfen und sie sozusagen dingfest machen.

6 Von den letzten Dingen

6.1 Unter den letzten Dingen verstehe ich nicht die großen Themen der Metaphysik wie Gott, Welt, Unsterblichkeit, auch nicht die Dinge, die wir vielleicht nach dem Tod sehen werden, sondern ganz einfach jene, die wir zuletzt sehen werden, am Ende des Lebens. Es kann ein Zimmer in einem Krankenhaus sein, eine Straße. In der Regel wissen wir es nicht und deshalb sagen wir, daß der Tod gewiß ist, aber daß Zeit und Ort uns verborgen sind. Wenn ich es aber wüßte, könnte ich sagen, da und da, dann und wann. Die letzten Dinge wären also vorhanden, aber wir wissen nicht, welche es sind. Das ist uns verborgen.

6.2 Ich möchte aber jetzt auf andere Weise über die letzten Dinge nachdenken und über die Art, wie sie uns verborgen sind und dazu gibt schon die Formulierung, daß sie am Ende unseres Lebens liegen, einen Anlaß. Was am Ende des Lebens liegt, nimmt nicht einfach eine Stelle im Raum ein, so scheint es.

Die letzten Dinge sind die entlegensten. Entlegen nennen wir etwas, was weit entfernt ist. So sind die Landschaften des Mondes entlegen. Die letzten Dinge sind entlegen nicht in einem räumlichen Sinn, sondern einem zeitlichen. Wenn ich zum Mond reisen könnte und es tatsächlich tun würde, so würden die letzten Dinge hinter dem Mond liegen. Die Mondreise, der Mond und seine Landschaften lägen zwischen mir und den letzten Dingen. Man kann sich fragen, wo anders alle Dinge, die mir noch begegnen werden, sonst liegen sollten. Nun kann ich nicht zum Mond reisen, sondern muß auf der Erde bleiben. Die letzten Dinge liegen am Ende meiner Wege über die Erde, meiner irdischen Wege. Sie sind, wie gesagt, in einem nicht räumlichen Sinn die entlegensten und das bleiben sie, so sehr ich mich ihnen auch nähere und das geschieht unaufhörlich. Sie liegen nicht bloß am Ende meiner Wege, sie sind von Anfang an da und nur deshalb gibt es den Weg an das Ende.

6.3 Die letzten Dinge sind unzugänglich. Sie sind nicht bloß schwer, sondern gar nicht zugänglich. Ich kann nicht darauf zugehen. Sonst wären sie ja etwas im Raum Liegendes.

Die letzten Dinge entziehen sich, man kann sogar sagen: bis zuletzt. Sie dürfen nicht als irgendwo vorhanden vorgestellt werden, als da, an dieser oder jener Stelle, so wenig wie die Dinge, die an meinem Weg liegen. Das wäre die Sicht dessen, der sich im Raum bewegt. Die letzten Dinge gibt es nicht und ebensowenig einen Weg zu ihnen. Sie entziehen sich und solange (indem, während) sie sich entziehen, begibt sich der Weg. Wenn sie sich nicht mehr entziehen, begibt sich auch der Weg nicht mehr. Sie sind da und der Weggänger ist angekommen.

6.4 Ich will überlegen, ob die letzten Dinge da sind oder nicht, und wenn sie da sind auf welche Weise sie es sind, und wenn sie nicht da sind ob sie gänzlich nicht da sind.

Vielleicht werde ich in einem Krankenhaus sterben. Das Krankenhaus mit seinen Zimmern ist doch da. Aber die letzten Dinge sind nicht da wie ein vorhandenes Gebäude, wenn sie überhaupt da sind. Sie sind auch nicht da wie ein Haus am Ende einer Sackgasse oder ein entlegenes Dorf, in dem eine Landstraße endet und nicht weiterführt. Sie sind nicht da wie ein Ziel, das ich auf einem vorhandenen Weg erreiche. Sie sind offenbar noch nicht da. Wenn sie da wären, so wäre ich ja am Ende des Weges angelangt. Sie wären hier und es wäre jetzt. Ich hätte gar keine Zeit mehr über die letzten Dinge nachzudenken.

Aber noch gibt es einen Abstand zwischen mir und ihnen, der allerdings kein räumlicher ist. Also sind sie noch nicht da. Aber sie sind nicht einfach nicht da. Sie liegen zwar am Ende meines Weges, aber mir scheint doch, daß sie von Anfang an da sind, sonst gäbe es keinen Weg.

6.5 Vielleicht gibt uns der Tote, der ich sein werde, einen Hinweis, denn auch er scheint da zu sein ohne da zu sein. Wir haben bereits über ihn nachgedacht. Mit unserer Geburt, von Anfang an, ist der Tote da, der ich sein werde. Oder sollte ich sagen: der ich bin? Der Tote ist da. Wenn es so wäre, so wäre ich schon hingegangen und müßte nicht mehr hingehen. Ich wäre schon der Dahingegangene.

Andererseits. Wenn er nicht schon da wäre, wohin sollte ich gehen? Wir lösen den Widerspruch, indem wir sagen: Der Tote ist da in der Weise des Noch-nicht-da, weil der Lebende unterwegs ist und ein Weg sich begibt.

6.6 Die letzten Dinge sind da in der Weise des Nicht-da oder genauer gesagt: da in der Weise des Noch-nicht-da.

Nun müssen wir aber fragen, was es heißt, daß etwas da ist ohne da zu sein. Es ist uns nicht unbekannt. Wir müssen uns nur etwas vorstellen, etwa einen Ort in der Ferne. Er ist nicht da wie etwas Wahrgenommenes. Er ist da ohne leibhaftig da zu sein. Auch technische Apparate wie zum Beispiel das Fernsehen lassen etwas da sein ohne daß es da ist. Auch wenn ich mich erinnere, ist etwas, was gewesen ist, was also nicht mehr ist, da. Wenn ich etwas erwarte, so ist es schon da, ohne da zu sein.

Das Zukünftige wird erwartet, das Gegenwärtige wahrgenommen, das Vergangene erinnert. So gesehen gehört die Zeit zum Menschen, wie wir bereits sagten, ihr Ort ist das menschliche Bewußtsein. Die Zukunft und die Vergangenheit sind nicht leibhaft da. Sie sind da ohne da zu sein in der vergegenwärtigenden Vorstellung oder Einbildungskraft. Menschen und Dinge, die nicht da sind, können sogar daseiender sein, wenn ich so sagen darf, als jene, die da sind. Das ist der Fall, wenn wir Sehnsucht, Heimweh oder Fernweh haben.

6.7 Sind nun die letzten Dinge in der Vorstellung oder in der vergegenwärtigenden Erwartung da? Offenbar nicht. Aber wie sind sie dann da? Hier scheint mir eine Antwort sehr einfach und einleuchtend zu sein. Sie würden nicht aus ihrem Versteck auftauchen, wenn nicht jemand auf dem Weg wäre. Sie sind da in der Weise des Noch-nicht-da, weil ich unterwegs bin.

Statt »weil« kann ich wohl auch sagen: während oder solange. Und ich kann auch umgekehrt sagen: Weil (während, solange) die letzten Dinge da sind ohne da zu sein, bin ich unterwegs. Wir erhalten einen ersten Hinweis, daß wir, wenn wir von den Dingen ablassen, die die Zeit durchstehen, nicht ins Bodenlose fallen, sondern aufgefangen werden und in einen anderen, neuen Zusammenhang geraten.

6.8 Der Ausdruck: »unterwegs sein«, legt allerdings nahe, daß ich auf etwas zu gehe. Das ist aber gerade nicht der Fall. Ich wäre ja dann sogleich auf einem Weg im Raum auf etwas zu. Daher ist es vielleicht besser zu sagen: weil ein Weg sich begibt. Tatsächlich werden wir ja am Ende nicht sagen, daß wir uns her begeben haben, sondern daß der Weg sich begeben hat.

Es gibt keinen ausgelegten, durchgängigen, vorhandenen Weg zu den letzten Dingen. Der Weg begibt sich und zugleich ist es ein Zuwegebringen des Weges. Wir können auch sagen, daß die letzten Dinge da sind in der Weise des Noch-nicht-da, solange sie sich entziehen. Solange begibt sich der Weg, solange bringen wir ihn zuwege, das heißt her und hervor.

6.9 Ich fasse zusammen auf die Gefahr hin, daß ich mich wiederhole. Man ist auf dem Weg zum Bäcker, ins Kino, auf dem Hinweg, auf dem Rückweg, auf dem Weg zur Arbeit und so weiter. Aber dabei ist man stets auf dem Weg zu den letzten Dingen und das auch dann, wenn man nicht unterwegs ist. Man bewegt sich in den verschiedensten Richtungen des Raumes und ist doch stets auf dem Weg der Zeit oder in die Zukunft.

Alle Dinge, bei denen ich bin und auf die ich zugehe, wie es scheint, liegen zwischen mir und den letzten, wo sollten sie denn sonst sein?

Nähere ich mich den letzten Dingen? So kann man nicht sagen, obwohl es doch ein Sich-Nähern ist. Jedenfalls nähert man sich nicht auf die Weise, wie man sich einem Ort oder einem Gegenstand im Raum nähert, indem man sich darauf zu bewegt. Es ist kein Ziel, zu dem ein Weg führt.

Es ist, zu den letzten Dingen, nicht so und so weit und man braucht nicht so und so lange. Vielmehr gilt: »solange bis es soweit ist«. Solange ist Zeit. Wenn man von einem Sich-Nähern überhaupt sprechen will, dann nicht davon, daß man sich den letzten Dingen nähert, sondern daß man sie sich nähert oder näher bringt.

Wir sagten schon, daß sich die letzten Dinge entziehen und das nicht allein in dem Sinn, daß wir in der Regel nicht wissen, wo, wann und was sie sind. Solange und während sie sich entziehen, begibt sich der Weg. Es gibt keinen Weg zu den letzten Dingen, er begibt sich. Von uns her sind die letzten Dinge unerreichbar. Wir erreichen sie nicht wie einen Ort im Raum. Sie werden erreichbar.

7 Alles, was ist, liegt am Weg zu den letzten Dingen

7.1 Was für die letzten Dinge gilt, daß sie da, d. h. zugegen sind ohne schon da zu sein solange jemand unterwegs ist und umgekehrt: solange sie zugegen sind in der Weise des Noch-nicht-zugegen ist jemand unterwegs, das muß auch für alles gelten, was zwischen ihnen und mir liegt. Dieses Zwischen ist kein Zwischenraum zwischen Dingen und Orten und mir. Wenn es nun wahr ist, daß wir auf einem Weg an das Ende des Lebens sind, dann müssen wir einen Schritt weiter gehen und sagen: Alles, was ist, liegt in dieser Sicht nicht mehr da und dort in der Weite des Raumes, sondern liegt und begegnet uns am Weg durch die Weite des Lebens zu den letzten Dingen und ist zunächst wie diese da in der Weise des Noch-nicht-da und wird da sein, ins Dasein treten, weil jemand unterwegs ist zwischen Anfang und Ende, zwischen Nicht und Nicht. Wo anders sollten Dinge und Menschen auch sein und wem anders erscheinen? Allerdings ist diese Denkweise ungewohnt und wir sind unseren Überlegungen vorausgeeilt.

7.2 Nehmen wir an, es sei Winter und ich bin unterwegs zu einem Feld, auf dem Mandelbäume blühen. Man wird annehmen und das ist die Position des Raumfahrers, dieser Ort liege in Portugal, in Marokko oder sonstwo im Süden, wo bereits Frühling ist. Das Feld mit den blühenden Bäumen ist schon da und ich brauche vielleicht zwei Tage bis dort hin. »Tag« oder »zwei Tage lang« ist hier ein Zeitmaß. Das ist die Denkweise des Raumfahrers und unsere gewöhnliche und übliche.

Man wird aber nicht an ein Feld mit blühenden Mandelbäumen bei uns im Frühjahr denken. Nun bin ich aber auf dem Weg an das Ende des Lebens oder zu den letzten Dingen. In dieser Sicht liegen und erscheinen die Dinge nicht im Raum, sondern auf dem Weg dahin. Es ist ein Weg durch die Zeit. Ich durchlaufe, durchmesse die aufeinanderfolgenden Tage. Ich bin unterwegs zu etwas, was noch nicht da ist, das Feld mit den blühenden Mandelbäumen, bis ich zu dem Tag gelange, an dem es erscheint, ich kann auch wohl sagen: zu Tage tritt, hinter den Tagen sich auftut, aus der Verborgenheit hervorkommt. Das ist die Sicht des Zeitreisenden.

Natürlich kann auch das Feld mit den blühenden Mandelbäumen im Süden gemeint sein. Ich werde übermorgen ankommen, aber ich habe alle Tage meines Lebens durchlaufen müssen, um an diesem Tag und dort anzukommen.

7.3 Als Beispiel für die unzähligen Dinge auf dem Weg zu den letzten nehme ich eine Wiese. In der gewöhnlichen Ansicht sage ich: Ich bin jetzt, es ist Frühling, hier auf dieser Wiese. Im zurückliegenden Winter war ich auch hier. Damals war sie zugeschneit. Im Sommer werde ich wieder hierher zurückkommen. Dann wird sie womöglich gemäht sein.

Die Wiese ist da, an einer bestimmten Stelle, vorhanden. Die Zeit, die Jahreszeiten gehen vorüber. Aber sie bleibt im Nacheinander der Tage immer dieselbe Wiese, nur die Bestimmungen wechseln. Da sie selbst die Zeit durchsteht, kann ich Feststellungen treffen wie die oben gemachten.

7.4 Nun bin ich aber zugleich auf einem Weg durch die Weite des Lebens, auf einem Weg durch die Tage und Jahreszeiten. So war ich unterwegs zu einem Tag, der heute ist, und bin unterwegs zu meinem letzten Tag.

Nun verbinde ich die Dinge im Raum mit der Zeit, in unserem Beispiel die Wiese, die eine Stelle einnimmt, mit einem Frühlingstag und spreche von einer Frühlingswiese. Ich kann nicht mehr sagen, daß ich schon einmal hier war. Ich kann ja auch nicht sagen, daß ich schon einmal an diesem Frühlingstag war und ebenso wenig kann ich sagen, daß ich schon einmal auf dieser Frühlingswiese war.

Ich war unterwegs zu der Frühlingswiese. Sie ist nun zur Stelle. Die Winterwiese aber liegt auf dem Weg durch die Weite des Lebens weit hinter mir in einem nicht räumlichen Sinn. Ich kann nicht zu ihr zurückkehren. Sie ist da in der Weise des Nicht-mehr-da, des Dagewesen, weil ich unterwegs bin. Die Sommerwiese aber liegt weit vor mir. Sie ist da in der Weise des Noch-nicht-da, sie ist noch nicht erreichbar und wird erreichbar werden. Gemeint ist natürlich nicht eine Sommerwiese, die irgendwo im Raum vorhanden ist.

7.5 Ich war in der Vergangenheit hier. Nun bin ich wieder hier. In der Zukunft werde ich voraussichtlich wieder hier sein. Ich bin am selben Ort zu verschiedenen Zeiten gewesen. Als ich hier war, war ich jünger als ich jetzt bin und wenn ich wieder hier sein werde, werde ich älter sein als ich jetzt bin. Ich denke: Die Zeit vergeht und damit auch mein Leben.

Nun bin ich aber auf dem Weg durch die Weite des Lebens an das Ende des Lebens, kurz zu den letzten Dingen. Die Sommerwiese erscheint hinter der Frühlingswiese, die Herbstwiese hinter der Sommerwiese, die Winterwiese hinter der Herbstwiese. Natürlich sind nicht verschiedene Wiesen gemeint wie sie auf einem Weg im Raum hintereinander liegen und zu denen ich nacheinander gelange.

Winterwiese, Frühlingswiese, Sommerwiese und so weiter liegen wie gesagt auf dem Weg durch die Weite des Lebens hintereinander. Sie erscheinen nacheinander. Ich kann wohl anderswo sein, aber nicht weiter oder weiter zurück, ich bin stets am weitesten. Wenn ich auf der Sommerwiese bin, bin ich weiter auf dem Weg zu den letzten Dingen als ich es auf der Winterwiese war und auf der Herbstwiese werde ich wieder weiter sein.

7.6 Im Raum erscheinen uns die Dinge erreichbar. Natürlich können sie auch außerhalb der Erde oder sonst weit entfernt und tatsächlich unerreichbar sein. Aber dabei handelt es sich um eine andere Unerreichbarkeit als die der letzten Dinge und der Dinge zwischen mir und ihnen. Sie werden erreichbar. Wir können auch sagen, daß sie von uns her unzugänglich sind und zugänglich werden.

Der Ort, an dem ich mich befinde, ist erreichbar. Ich war früher schon hier und werde wahrscheinlich wieder herkommen. So kann ich sprechen, sofern ich mich im Raum bewege. In der anderen Sicht, als Bewegung durch die Zeit, aber lag er hinter allen meinen bisherigen Wegen so wie die letzten Dinge hinter allen meinen Wegen liegen. Er ist erreichbar, zugänglich geworden. Aber, wie gesagt, es handelt sich dabei nicht um die Unzugänglichkeit eines weit im Raum entfernten Gebietes. Ich kann auch nicht sagen, daß ich schon einmal hier war oder wieder herkommen werde.

Wir sprechen von den letzten Dingen also ähnlich wie von den Tagen. Diesen Tag habe ich ja erst erreichen können, nachdem ich die lange Reihe der Tage durchlaufen habe. Ich konnte nicht früher zu diesem Tag gelangen. Eigentlich kam nicht ich an, sondern der Tag. Er wäre natürlich auch zugänglich, erreichbar geworden, ohne daß ich mich bewegt hätte. So wenig ich den Tag erreichen konnte, so wenig die Dinge, die er erleuchtet, zum Beispiel die Landschaft, in die ich meinen Fuß setze.

Von der Raumbewegung her gesehen ist alles zugänglich, erreichbar, wenigstens theoretisch. Von der Zeitbewegung her gesehen wird es zugänglich und erreichbar.

7.7 Das Land hinter der Nacht. Was ist damit gemeint? Nun, das Land, das so weit entfernt ist, daß ich eine Nacht brauche, dorthin zu gelangen. Gemeint ist mit »Nacht« eine Zeitlänge. Das Land hinter der Nacht ist schon da.

Das Land hinter der Nacht. Es ist noch nicht da. So wie ich den neuen Tag noch nicht sehen kann, so kann ich auch das Land nicht betreten, das er erleuchtet. Es ist im wahren Sinn Neuland. Damit aber ist kein Land gemeint, das gerade entdeckt wird. Es wäre ja schon da, wie sollte man es sonst entdecken? Nun aber ist es da, indem ich es entdecke.

Es ist verborgen hinter der Nacht. Es kommt hervor. Es ist kein Land, das irgendwo schon vorkommt.

Tatsächlich hatte ich oft das Gefühl, wenn ich frühmorgens zur Arbeit aufbrach, daß ich die alten Wege neu begehe wie einen Festtag. Auch ein Festtag ist ja uralt und immer neu.

7.8 Ankunft des Gewesenen. »Ich war schon gestern hier.« Das kann Verschiedenes bedeuten, z. B. daß ich den Ort seitdem nicht verlassen habe oder daß ich ihn verlassen habe und nun zurückgekehrt bin. Rückkehr ist dann Ankunft dessen, der da gewesen ist. »Da« heißt: hier, an dieser Stelle.

Das Land hinter der Nacht. Das, was verborgen ist, kommt hervor. Rückkehr ist nun Ankunft dessen, was da gewesen ist. »Da« ist jetzt: zur Stelle, zugegen, anwesend.

Wir sagen nicht bloß, daß die Tage kommen und gehen, wir sagen auch, daß der Tag wiederkehrt, also zurückkommt, und mit ihm ist wieder da, was dagewesen ist.

7.9 Weit, weit da hinten oder hinter mir und weit, weit da vorn oder vor mir: »Da« hat jeweils einen anderen Sinn, ob ich die räumliche Weite oder die Weite des Lebens meine, in der ich aus der Vergangenheit heraufkomme und in die Zukunft hineingehe.

Normalerweise sage ich: Hier auf der Straße werden im Herbst die Bäume entlaubt sein. Hier auf der Wiese wird Schnee liegen. Hier auf dem Feld wird Regen fallen. Nun sind die Straße mit den entlaubten Bäumen, die mit Schnee bedeckte Wiese, das Feld, auf das Regen fällt, Teil des einen Weges. Sie liegen am Weg. Sie liegen nicht vor mir wie Dinge im Raum. Vielmehr indem ich unterwegs bin, indem sich der Weg begibt, bringe ich sie her und hervor. Es handelt sich um Stationen auf dem Weg zu den letzten Dingen. Diese selbst Feld, Wiese, Straße sind nicht da, nämlich vorhanden und an bestimmten Stellen, und ich entdecke sie dann. Vielmehr indem ich sie entdecke, sind sie da. Sie blieben sonst unentdeckt.

Das Entdecken ist kein Hingehen, sondern ein Her- und Hervorbringen, bis die letzten Dinge hier sind, wie diese Dinge hier, dieses Zimmer hier, in dem ich sitze und schreibe, hier ist. Ich kann ja auch nicht sagen, daß es von Anfang an da gewesen ist, vorhanden und an dieser Stelle und daß ich mich, wie durch einen Raum darauf zu bewegt habe.

7.10 Sogleich muß ich allerdings den Ausdruck: unterwegs, auf dem Weg zu, in Frage stellen, denn er suggeriert ja, daß ich zu etwas im Raum vorhandenen unterwegs sei. Das ist nicht der Fall. Ich mache mich nicht auf, breche auf, begebe mich, sondern der Weg begibt sich, öffnet sich. Deshalb ist es wohl richtiger zu sagen: Die letzten Dinge und alles, was zwischen ihnen und mir liegt, sind da in der Weise des Noch-nicht-da und schließlich da, weil sich ein Weg begibt.

7.11 Es ist unbedingt nötig, den Unterschied zu beachten: Da, an einer Stelle, vorhanden. Auf dem Weg durch die Weite des Raumes sind die Dinge da und dort, schon da und noch da, sie nehmen bestimmte Stellen ein. Der Raumfahrer sagt: »Ich bin jetzt hier, an dieser Stelle«.

Auf dem unumkehrbaren und unaufhaltsamen Weg durch die Weite des Lebens aber sind die Dinge da, d. h. zur Stelle, anwesend und noch nicht und nicht mehr anwesend. Sie sind es jemandem, der auf dem Weg ist und er ist nur sofern sie anwesend, noch nicht anwesend und nicht mehr anwesend sind.

Der Zeitreisende macht sich klar, daß er auf dem Weg an das Ende des Lebens ist. Die Dinge sind anwesend auf dem Hintergrund, daß sie nicht zugegen waren und nicht mehr zugegen sein werden.

Man kann wohl sagen, daß dem Raumfahrer die Vorhandenheit der Dinge eine Welt von ewigem Bestand vorgaukelt, während der Zeitreisende seiner Endlichkeit inne wird.

8. So spricht man nicht

8.1 Aber kann ich tatsächlich so sprechen? Oder kann man nur zu etwas unterwegs sein und von etwas herkommen? Es ist, wie gesagt, noch da und schon da. So kann ich zu einer Sommerwiese unterwegs sein, wenn es Sommer ist, oder zu einer Wiese in irgendeinem Land, in dem es Sommer ist. Ich kann jetzt zu der Wiese gehen, die ganz in der Nähe ist, aber nicht zu der Sommerwiese, denn es ist Winter. Ich muß noch einige Monate warten, bis es Sommer ist.

8.2 Wie ist es also? Bewege ich mich stets zwischen Dingen und halte mich bei ihnen auf? Ich will annehmen, es sei Weihnachtszeit und jemand sei unterwegs. Ich frage ihn, wohin er gehe und er antwortet nicht: zum Weihnachtsmarkt, was verständlich wäre, sondern er sagt: zu den blühenden Bäumen, zu einer Sommerwiese. Ist es nun ein sinnloses Sprechen? Vom Standpunkt des Raumfahrers zweifellos, der von etwas herkommt und zu etwas unterwegs ist. Aber aus der Sicht des Zeitreisenden, der sich immer schon auf einem Weg vorfindet und gar nicht anders sein kann als unterwegs?

Für den einen gilt: Er begibt sich auf den Weg, er geht hin, er erreicht etwas. Für den anderen gilt: Der Weg begibt sich, er wird dahingegangen, er erreicht etwas, was von ihm her unerreichbar ist. Sein Weg entsteht, indem er ihn geht. Er bringt her und hervor, was an seinem Weg liegt.

8.3 Ich will annehmen, der Gefragte antwortet, er sei unterwegs zu den letzten Dingen oder zu dem Ort, an dem er sterben wird. Nun, niemand spricht so. Würde aber jemand so sprechen, so würde man ihn für verrückt halten oder für einen Selbstmörder, den man aufhalten muß. Man sagt, daß man zum Bäcker gehe, nach New York fliege, aber währenddessen ist man unterwegs zu den letzten Dingen. Und so wie niemand sagt, daß er dorthin unterwegs sei, obwohl es niemanden gibt, der nicht dorthin unterwegs ist, so ist man auch unterwegs zu der Straße mit den blühenden Bäumen, obwohl niemand so spricht.

9 Vom Fallen und Aufgefangenwerden

9.1 Das Bild des vorhandenen Landes, über dem Tage und Nächte hinwegziehen. Die Landschaft, Straßen, Felder, Wiesen bleiben. Nur verändern sie im Gang der Jahreszeiten ihr Aussehen. Der Wechsel der Bestimmung, z. B. Winterwiese, Frühlingswiese, Sommerwiese und so weiter ändert nichts daran, daß es sich um die selbe Wiese handelt. So ist es, sofern wir uns im Raum bewegen, durch die Weite des Raumes.

Nun bewegen wir uns auch durch die Zeit, durch die Tage und Nächte, durch die Weite des Lebens, besser gesagt: Wir werden bewegt. So wie die Tage hintereinander, nacheinander kommen so auch die Winterwiese, die Frühlingswiese und so weiter. Ich erreiche sie nacheinander auf dem Weg an das Ende, auf dem ich stets bin. Sie erscheinen nur jemanden, der auf diesem Weg ist. Sie werden erreichbar, weil jemand unterwegs ist, der sie erreicht.

9.2 Als Raumfahrer bewege ich mich in der Weite des Raumes, während die Zeit wie unabhängig davon vergeht. Die Dinge sind da und dort, vorhanden und an bestimmten Stellen. Sie stehen die Zeit durch und das ist die Voraussetzung, daß ich Aussagen machen kann: Ich bin jetzt hier, ich war hier, ich werde wieder hier sein.

Nun bin ich ja Zeitreisender auf dem Weg durch die Weite des Lebens. Die Dinge liegen nicht mehr im Raum, sondern am Weg und zeigen sich dem Weggänger. Sie werden verzeitlicht und die Zeit wird verdinglicht. Die Dinge sind nicht mehr da, an dieser oder jener Stelle. Was geschieht dabei mit mir? Ich verliere den Halt, den festen Boden unter den Füßen, aufgrund dessen ich Aussagen wie die oben machen konnte. Das ist mir nun verwehrt, ich falle, aber ich werde aufgefangen und ich gerate in einen anderen, neuen Zusammenhang, in dem ich allerdings immer schon gewesen bin, sonst könnte ich nicht hineingeraten.

9.3 Bisher bewegte ich mich und hielt mich auf in der Welt der vorhandenen Dinge, die da und dort sind, an dieser oder jener Stelle, während die Zeit kam und ging. Aus der Zukunft, der Noch-nicht-Gegenwart wurde Gegenwart und aus dieser Vergangenheit, Nicht-mehr-Gegenwart.

Nun aber gelange ich in einen Zusammenhang mit der Gegenwart der Dinge selbst und ihrer Noch-nicht-Gegenwart und Nicht-mehr-Gegenwart. Gegenwart bedeutet nun natürlich nicht »jetzt«, sondern Zugegensein, Anwesenheit.

Dieser Zusammenhang wird nicht erst hergestellt als ob die Dinge und ich schon vorher da seien, sondern jedes ist erst aus diesem Zusammenhang. Das eine, die Gegenwart der Dinge, kann ohne das andere, die des Menschen, nicht sein.

10 Vom Lebensweg

10.1 Ich bin mir bewußt, daß ich mich oft wiederhole und auf der Stelle trete. Ich wende die Sätze hin und her in der Hoffnung, es werden darunter Wendungen sein, die den Blick freigeben auf das, was gemeint ist. An sich glaube ich, daß das Denken einfach ist. Aber diese Einfachheit ist schwierig zu erreichen, so daß man auch wieder sagen kann, es sei schwer.

Wir unterschieden am Anfang Raumweg und Zeitweg beziehungsweise Raumfahrer und Zeitreisenden, die doch einer sind. Jener bewegt sich zwischen den Dingen im Raum, während die Zeit vergeht, die wir als Folge von Jetzten dachten. Dieser aber bewegt sich nicht durch eine Folge von Jetzten als sei er auf einer Springprozession. Er wird durch die Zeit bewegt, die wir als Gegenwart, Noch-nicht-Gegenwart und Nicht-mehr-Gegenwart der Dinge selbst verstanden.

Wir sprachen auch von der abstrakten und der konkreten Zeit, die wir dem Raumfahrer und dem Zeitreisenden zuordneten. Für beide gilt, daß etwas da ist in unmittelbarer Gegenwart und da, zugegen, anwesend zur Stelle in der Weise des Nicht-mehr-da und des Noch-nicht-da, aber auf ganz verschiedene Weise: einerseits im vergegenwärtigenden Bewußtsein, andererseits weil jemand unterwegs ist oder ein Weg sich begibt.

10.2 Wir nehmen diese Überlegungen auf anderer Ebene wieder auf. Wir sprachen vom Weg zu den letzten Dingen. Statt dessen hätten wir auch vom Weg zwischen Anfang und Ende, Geburt und Tod sprechen können. Wir haben damit das Ganze des Lebens und des Weges erreicht und sprechen vom Lebensweg.

10.3 Wir werden also fragen: Was ist der Lebensweg? und vielleicht antworten: Ein Weg von Anfang bis Ende oder zwischen Geburt und Tod oder ein Weg durch das Leben. Wenn wir die letzte Formulierung aufgreifen, haben wir zwei Begriffe: Weg und Leben. Was das Leben ist, ist äußerst schwierig und vielleicht unmöglich zu bestimmen und zu erklären, aber was ein Weg ist, scheint jedem von uns klar zu sein. Es gibt einen Weg von hier nach dort, ein Weg ist die Verbindungslinie zwischen zwei Orten. Er führt durch den Raum.

Es gibt mannigfache Wege, Wege an der Erdoberfläche, Luft- und Wasserwege und auch Wege, die man sich erst bahnen muß. Aber auch dann ist zumindest ein Kontinuum zwischen zwei Orten vorhanden.

Ferner kann mit Weg auch die Tätigkeit des Bewegens gemeint sein, etwa wenn ich sage, daß ich noch einige Wege, also Besorgungen zu machen habe oder wenn ich von einem Spazierweg oder einem Spaziergang spreche. Es handelt sich dann um Wege, Gänge, die über Wege führen, aber selbst nicht Wege sind.

Ich will zunächst festhalten: Weg ist die Verbindungslinie zwischen zwei Orten und ich brauche eine gewisse Zeit, um die Wegstrecke zurückzulegen. Wenn ich gestern zu einer Reise aufgebrochen bin und morgen ankommen werde, brauche ich dafür zwei Tage.

10.4 An dieser Definition gemessen scheint der Lebensweg kein richtiger Weg zu sein. Denn er ist offenbar kein Weg zwischen zwei Orten, etwa dem Geburtsort und dem Sterbeort. So kann ich unmöglich sagen, Goethe habe die Strecke zwischen seinem Geburtsort Frankfurt und seinem Sterbeort Weimar in einer bestimmten Anzahl von Jahren, nämlich der seines Lebens, zurückgelegt. So können wir auch dann nicht sprechen, wenn wir alle Orte, an denen er sich aufgehalten hat, hinzurechnen.
Der Lebensweg ist also kein richtiger Weg. Wir sprechen nur in übertragenem Sinn von Weg. Es handelt sich um eine Metapher. Wenn ich zum Beispiel sage, jemand sei ein Fuchs, so heißt das, daß er wie ein Fuchs sei, daß er so listig sich verhalte, als ob er ein Fuchs wäre, und es heißt nicht, daß er ein Fuchs ist. Der Lebensweg ist also bloß so wie ein Weg. Wir sprechen von ihm nur so, als ob es sich dabei um einen Weg handle. Vielleicht lohnt es sich gar nicht, über den Lebensweg nachzudenken.

10.5 Das scheint klar zu sein und doch kommen mir sogleich Bedenken. Ich bin doch, wo auch immer ich bin, ob ich auf einem Weg bin oder mich irgendwo aufhalte, ob ich mich bewege oder nicht, auf dem Lebensweg. Ich nehme an, daß niemand bezweifeln wird, daß er auf dem Lebensweg sich befindet, daß er an einer bestimmten Station des Lebensweges sich aufhält und daß ein Teil davon hinter ihm und ein Teil vor ihm liegt.
Ferner scheint es keinen Lebensweg ohne Menschen und keinen Menschen ohne Lebensweg zu geben. Auch scheinen alle unsere Wege und Aufenthalte im Raum nur Teile des einen Lebensweges zu sein und jedes Teil bekommt nur Sinn und Bedeutung aus dem Ganzen des Lebensweges. Er scheint das Umfassende zu sein. Ich kann nicht außerhalb dieses Weges sein.
Also scheint der Lebensweg doch ein Weg zu sein und nicht irgendeiner, sondern der Hauptweg, gewissermaßen der Königsweg. Alle unsere Wege und Gänge, alles Hin und Her, Vor und Zurück schließen sich zu diesem Weg zusammen, sind nur Teile des einen Weges.

10.6 Was aber ist der Lebensweg? Zunächst werde ich sehen, wie wir im Alltag vom Lebensweg sprechen. Wir sprechen etwa vom »way of life«, womit eine gewisse Lebensart gemeint ist. Wir sprechen auch vom Lebensweg in der Bedeutung von Werdegang oder Lebenslauf. Wenn man eine Bewerbung schreibt, legt man häufig seinen Lebenslauf vor. Man kann ihn in Sätzen schreiben oder auch eine tabellarische Übersicht mit den Spalten: wo, wann, was anfertigen. Man beschreibt damit, an welchem Ort zu welcher Zeit etwas für einen selbst Wichtiges geschehen ist. Man zeichnet gleichsam seinen Lebensweg in den Raum mit den vorhandenen Dingen und der vergehenden Zeit ein. Der Lebensweg wäre dann die Addition, die Gesamtheit aller meiner Wege, Aufenthalte, Begegnungen und mich betreffenden Ereignisse in Raum und Zeit.

10.7 Ich bin jetzt hier in diesem Zimmer. Zweifellos ist es eine Station auf meinem Lebensweg. Indem ich erinnere und erwarte kann ich ihn rekonstruieren. Ich war in der Vergangenheit da und dort und habe dieses und jenes gemacht und werde vermutlich in der Zukunft da und dort sein und dies und jenes tun. Wir zeichnen unseren Lebensweg in die vorhandene Welt mit ihren Landschaften, Häusern, Dörfern, Städten, Straßen ein. Jedes hat sein Wo und Wann. Es gibt einen Geburtsort, Aufenthaltsorte und es wird einen Sterbeort geben.

10.8 Aber ist nicht gerade diese Beschreibung des Lebensweges unbefriedigend? Es ist der Lebensweg dessen, der sich im Raum bewegt. Aber gerade der Lebensweg ist doch auch ein Weg durch die Zeit, von Anfang zum Ende, von der Geburt zum Tod.
Alles Hin und Her, Vor und Zurück, alle Bewegungen und Aufenthalte im Raum gliedern und ordnen sich zu einem Nacheinander, einer Aufeinanderfolge in der Zeit. Wo auch immer ich bin, ich bin auf einem unumkehrbaren Weg von Anfang bis Ende, ich folge nicht allein den vielen Richtungen der Windrose, sondern auch der einen des Zeitpfeils. Die Dinge liegen nicht allein im Raum und ich zeichne meinen Weg ein. Sie liegen auch am Weg zwischen gestern und morgen, Geburt und Tod. Diesen Weg will ich jetzt den Lebensweg nennen. Es ist der Weg des Lebens, obwohl er zum Tod führt.
Zunächst aber will ich sehen, was beiden Auffassungen gemeinsam ist.

10.9 Der Lebensweg ist das Offenlegen und Auslegen des Lebensweges selbst. Das Offenlegen ist geradezu das Geschehen des Lebens, nicht bloß etwas, was geschieht.
Am Anfang liegt alles verborgen vor uns, was dann offengelegt hinter uns liegt. Wir gehen in die verhüllte Zukunft hinein und sehen uns dann aus der enthüllten Vergangenheit auf uns zu kommen. Nach vorne gerichtet sind wir kurzsichtig, aber nach rückwärts gewandt werden wir immer weitsichtiger und besitzen die Gabe der Vorhersehung. Es ist aber nun unser vergangener Weg festgelegt und wir können daran nichts ändern.

10.10 Wir legen nicht bloß den eigenen Lebensweg offen, sondern den anderer und diese unseren Lebensweg. Wir legen die Lebenswege einander offen. Wir haben Mitspieler und sind selbst Mitspieler in diesem Spiel des Offenlegens. Wir vollziehen nicht allein das Offenlegen, sondern es wird an uns vollzogen. Ich denke dabei vor allem an Menschen, in deren Lebensgeschichte sich die Geschichte vieler gleichsam bündelt, also an die Männer, von denen man sagt, daß sie Geschichte machen.

10.11 Das Offenlegen ist ein Auslegen. So legt man Karten aus, man legt sie auf den Tisch und deutet sie dann, das heißt beide Male, daß man sie offenlegt. Das Auslegen ist also zweierlei.

Der Lebensweg ist zunächst und zuerst ein Offenlegen seiner selbst. Doch können Teile des Lebensweges oder dieser selbst bis zum Ende eine andere Deutung erfahren, in einem anderen Licht erscheinen, revidiert und anders gesehen und interpretiert werden.

Der Lebensweg wird offengelegt durch einen selbst und durch andere. Man kann dafür blind sein und interpretiert das Geschehen falsch. Das größte und unschuldigste Beispiel ist die Geschichte des Ödipus. Was ein Glückweg zu sein scheint, erweist sich als Unglücksweg. In unserer Geschichte wurden vor kurzer Zeit die Lebenswege von Millionen offengelegt und viele hielten für einen großen Aufbruch, was in Wahrheit Teilnahme an einem Verbrechen war.

10.12 Der Lebensweg ist das Offenlegen des Lebensweges selbst. Dieser Satz ist unmittelbar verständlich. Wir enthüllen dabei nicht bloß, was uns geschieht, sondern auch, wer wir sind.

Aus der Gesamtheit des Lebensweges erhält jedes seinen Sinn und die Dinge sind nicht an sich, sondern Dinge am Lebensweg.

Ich gehe diese Straße entlang oder ich sitze in diesem Zimmer. Dabei ist mir jedoch der Zusammenhang parat. Ich weiß, wie ich hierher gekommen bin, welche Wege mich hergeführt haben. Ich kenne in Umrissen meine ungegangenen zukünftigen Wege, denn sie sind durch die vergangenen, gegangenen vorgezeichnet. Ferner ist jedes Ding lebensgeschichtlich getönt. Es gibt nicht die Straße, die Stadt, das Haus, den Berg. Es ist die Straße, auf der ich zur Arbeit fahre, es ist eine Stadt, in der ich zum ersten Mal bin oder die ich schon oft besucht habe, ich bin dort ein Fremder oder ein Einwohner. Es ist ein Haus, in dem ich als Kind gewohnt habe, es ist ein Berg, auf den ich gerne steigen möchte. Die gegenwärtige Situation wird aus dem Zusammenhang des Lebensweges erklärt.

10.13 Nun sprechen wir vom Offenlegen im Hinblick auf Ereignisse und nicht auf Dinge. Wir sagen, daß wir nicht wissen, welche Dinge sich ereignen werden, aber damit meinen wir gerade Ereignisse und nicht Dinge. Das Offenlegen bezieht sich auf die zukünftigen Ereignisse. So wissen wir am Anfang nicht, wohin es uns verschlagen wird, wen wir kennenlernen, welchen Beruf wir ergreifen werden, ob wir heiraten, ob wir krank werden, ob wir einen Unfall haben, was wir unternehmen werden, ob diese Unternehmungen gut oder schlecht ausgehen werden, wer von uns zuerst sterben wird, ob Krieg sein wird. Das alles muß erst offengelegt werden. Ich kann auch sagen, daß es noch offen ist, das heißt verborgen, nämlich so, wie der Fall des Würfels noch offen ist, das heißt verborgen.

Die Dinge aber müssen nicht offengelegt werden. Das Haus, die Stadt, die Landschaft liegen offen vor uns, das heißt jetzt gerade nicht, daß sie verborgen sind.

Wir sagen deshalb nicht, daß wir ein Haus offenlegen, eine Stadt, eine Landschaft. Offenlegen kann man nur, was verborgen ist. Die zukünftigen Ereignisse sind uns verborgen, aber nicht Dinge wie Haus, Stadt, Baum, Garten, so scheint es.

10.14 Wir werden wieder darauf gestoßen, daß Raumfahrer und Zeitreisender verschiedene Ansichten vom Lebensweg haben.

Der Raumfahrer zeichnet, wie gesagt, seinen Lebensweg in die vorhandene Welt der Dinge ein. Seine Lebensgeschichte spielt in bestimmten Gegenden und Landschaften. Er legt die Ereignisse seines Lebens offen, die zunächst verborgen sind. Er kann seinen Lebenslauf in Sätzen oder tabellarisch verfassen mit den Rubriken Wo? Wann? Was?

Für den Zeitreisenden ist der Lebensweg etwas anderes. Es ist der Weg von Anfang bis Ende, von der Geburt zum Tod. Er verläuft nicht zwischen Dingen, die im Raum ausgebreitet sind und liegen. Sein Weg begibt sich, das heißt er wird an ihm vollzogen um nicht zu sagen vollstreckt, aber es ist auch ein Weg des Hervorbringens. Er legt nicht allein die Ereignisse offen, die ihm verborgen waren und ihn betreffen, sondern auch die Wege, die er geht oder genauer gesagt die Dinge, die an seinem Weg liegen. Sie sind selbst wie Vorkommnisse, Hervorkommnisse. Seine Lebensgeschichte spielt nicht allein an diesen oder jenen Orten, bei diesen oder jenen Dingen, die Orte und Dinge kommen nur in einer Lebensgeschichte vor.

10.15 Der Weg führt zwischen Orten hin und her, vor und zurück. Den Weg will ich mit Schnur vergleichen, die Orte mit Perlen. Wenn ich beide Enden auseinanderhalte, sehe ich besonders deutlich, daß die Perlen auf der Schnur auf- und aneinandergereiht sind. Der Weg führt nicht nur zwischen Orten hin und her, die da und dort ausgebreitet im Raum liegen. Die Orte liegen auch am Weg. Alles, Wege, Landschaften, Städte, Dörfer, Menschen, Sonnenauf- und Sonnenuntergänge, Dinge und Ereignisse zeigen sich nur an einem Lebensweg und es kann nichts gedacht werden, was außerhalb dessen ist und liegt. Sie kommen nur jemandem vor, zeigen sich ihm und sind ihm zugegen, der auf dem Weg von Nicht zu Nicht oder auf einem Daher-Dahin-Weg ist. Wo denn sonst könnten sie sein und vor wem sonst auftauchen?

Ich versuche die Dinge sein zu lassen, die die Zeit durchstehen, das heißt von ihnen abzulassen. Statt dessen versuche ich, die Gegenwart, Nicht-mehr-Gegenwart und Noch-nicht-Gegenwart der Dinge selbst sein zu lassen, das heißt sie zuzulassen. Wenn es gelingt, falle ich nicht, sondern gerate in einen anderen neuen Zusammenhang.

11 Vom Zusammensein und den Lebenden

11.1 Wir haben über den Lebensweg und die beiden Seiten der Welt nachgedacht und versucht, die uns abgewandte Seite uns zuzuwenden. In der Tat können wir uns nicht einfach ihr zuwenden, wir müssen sie uns zuwenden. Auch die zugedeckte Seite eines Buches können wir erst lesen, wenn wir das Blatt umgeschlagen haben. Soweit es uns gelingt, betreten wir eine andere Welt, die doch dieselbe ist, in der wir uns aufhalten.

11.2 Ich sagte: Ich bin da, ich bin da gewesen, werde da sein bei diesem oder jenem Etwas. Statt dessen sagte ich dann: Dieses und jenes Etwas ist da, ist da gewesen, wird da sein.

Wir haben also eine Umkehrung der Sätze und wie ich hoffe der Weltbetrachtung vollzogen. Diese Umkehr oder die Umwendung oder der Umschlag müssen aber viel deutlicher werden.

Wir werden zunächst über die Lebenden und ihr Verhältnis zueinander und zu den Dingen sprechen. Die Lebenden und die Dinge sind das, was da ist.

Wir werden über den Toten nachdenken, denn er ist der Dagewesene und über den Ungeborenen, denn er ist der, der zukünftig sein wird.

Schließlich werden wir über unser Verhältnis zu Himmel und Erde und über die Gegend nachdenken, in der wir wohnen. Jedes Mal werden wir versuchen, die beiden Seien der einen Welt zu betrachten.

11.3 Wir haben bisher über den Zusammenhang von Mensch, Raum, Zeit und Dingen gesprochen und ihn auf zweifache Weise gedeutet, aber kaum über das Verhältnis von Menschen zueinander und untereinander. Aber natürlich sind wir nicht allein auf dem Lebensweg, Menschen begleiten und begegnen uns, die wieder auf ihren Lebenswegen sind. Fast scheint es so, als würden unzählige Schneisen durch einen dunklen Wald gezogen. Dabei sind die Lebenswege und Lebensläufe von ungeheurer Mannigfaltigkeit und Verschiedenheit, doch alle unterliegen sie denselben Bewegungsgesetzen. Menschen leben nicht allein, menschliches Leben ist Zusammensein.

11.4 Ein Zusammensein ist das zufällige oder verabredete Treffen von Menschen an einem Ort zu einer Zeit. Es kann einem Zweck dienen oder auch nicht. Die selbstverständliche Voraussetzung ist, daß die Menschen zur selben Zeit sind, mit Menschen, die zu anderen Zeiten leben, die gelebt haben oder erst leben werden, wenn ich nicht mehr bin, kann ich mich unmöglich treffen. Damit Menschen also zusammensein können, müssen sie zusammen sein. Wir schreiben das Wort jetzt auseinander und die Betonung wandert vom »zusammen« zum »sein«. Ohne solches Zusammen sein, ohne das Leben teilen oder gemeinsam unter den Lebenden weilen, gäbe es kein Zusammensein.

Ein Zusammensein, sagten wir, kann verabredet sein. Dagegen ist das Zusammen sein von uns nicht machbar. Es liegt jedem Treffen an einem Ort zu einer Zeit voraus, sei es verabredet oder zufällig, was aber sogleich vergessen wird. Zum Zusammen sein kann man sich nicht verabreden.

11.5 Anstatt vom Zusammensein können wir auch vom Zusammenleben sprechen und hier dieselbe Veränderung der Betonung und der Schreibweise vornehmen, so daß wir zwischen zusammenleben und zusammen leben unterscheiden.

Denselben Unterschied gibt es auch zwischen »sich sehen« und »einander ansichtig sein«. Man kann sich sehen und treffen, weil man einander ansichtig geworden ist. Das eine ist verfügbar, das andere nicht.

Ähnliches gilt für den Ausdruck »Anwesenheit«, »anwesend«. Jemand teilt mit mir das Zimmer. Er ist anwesend. Etwas anderes ist die Anwesenheit, die uns gegeben und genommen wird. Diese Anwesenheit ist gemeint, wenn ich sage, daß er mit mir das Leben teilt.

11.6 Es gibt kein Zusammensein ohne Zusammen sein, aber das Zusammen sein wird fast immer als bloßes Zusammensein gesehen. Es ist dann so, als hätten wir Geburt und Tod und das Leben selbst vergessen.

Wir erinnern uns. Ich kann sagen: Ich bin da und da, an dieser oder jener Stelle. Ich kann auch die Perspektive wechseln und sagen: Etwas ist da, das heißt, jetzt zugegen, zur Stelle.

Es ist ein großer Unterschied ob ich sage, ich bin jetzt hier, in diesem Zimmer, auf dieser Straße, in dieser Landschaft oder ob ich die Aufmerksamkeit auf die Gegenwart dieser Dinge selbst lenke. Sogleich heißt Gegenwart nicht »jetzt«, es ist sinnlos vom Jetzt der Dinge zu sprechen, sondern Anwesenheit, Zugegensein.

Das Zugegensein, die Gegenwart von Menschen und Dingen, ihr zeitlicher Sinn wird uns klarer vor dem Hintergrund unserer Endlichkeit. Wir waren nicht da und werden nicht da sein.

Beide Betrachtungsweisen nehmen wir auch ein, wenn wir vom Zusammensein beziehungsweise vom Zusammen sein sprechen.

11.7 Während das Zusammensein an einem Ort stattfindet, gehört der Ort zum Zusammen sein selbst. Es handelt sich um ein Zusammen sein von Menschen und Dingen. So wie ich es lokalisiere, also sage: da und dort, dann und wann, wird aus dem Zusammen sein ein Zusammensein, ein Ereignis in Raum und Zeit.

Es ist allerdings wiederum merkwürdig so zu sprechen: Nicht nur die Personen sind anwesend oder zugegen, sondern auch eine Gegend, eine Straßenecke, ein Berg, ein Tal. Es hört sich verrückt an, selbst wenn wir denken, daß sie auf andere Weise anwesend sind als Personen.

11.8 Eine besondere Weise des Zusammenseins ist das Stelldichein. Ein Stelldichein ist das Treffen von Verliebten. Es ist ihnen wahrscheinlich deutlicher als zum Beispiel Geschäftsleuten, die sich treffen, daß es sich dabei nicht bloß um ein Zusammensein, sondern um ein Zusammen sein handelt. Ein Stelldichein heißt auch Rendez-vous, also ein Begebt euch. Zu einem Stelldichein sucht man häufig einen besonderen Ort auf, etwa einen romantischen.

Zum Stelldichein gehören nicht nur die beiden, die sich treffen, sondern auch der Treffpunkt. Sie treffen sich nicht bloß da, an dieser Stelle, sondern mit ihnen sind die Dinge zur Stelle und mit ihnen verschwinden sie auch. Nicht nur die beiden haben sich eingestellt, sondern auch die Dinge. Ich gebrauche also das Wort »Stelldichein« in einem erweiterten Sinn. Es schließt den Ort mit ein, den Treffpunkt.

11.9 Wir sprechen vom Sich-Einstellen der Dinge, weil in diesem Ausdruck der Charakter des Geschehens besser aufbewahrt ist. Wir sagen, daß der Mond, die Sonne, die Sterne sich einstellen. Übrigens sehen wir sie nie erscheinen, denn wenn wir sie sehen, sind sie bereits erschienen. Wir sehen nie, wie sie sich einstellen, denn wenn wir sie sehen, haben sie sich bereits eingestellt. Weil plötzlich oder auch allmählich viele Sterne am Himmel sind, sagen wir, daß sie erscheinen oder sich einstellen.

Auch Menschen können sich einstellen. Sie waren zunächst nicht da, zugegen und sind es nun.

Wir sagen aber nicht, daß Häuser, Straßen, Berge und so weiter sich einstellen. Sie nehmen eine bestimmte Stelle ein, so scheint es. Trotzdem sprechen wir nun vom Sich-Einstellen der Dinge insgesamt, also auch dem von Häusern, Straßen und Bergen.

11.10 Von einem Stelldichein im üblichen Sinn können wir sagen, es habe da und dort, dann und wann stattgefunden, von dem Stelldichein, das ich meine, kann man nicht sagen, daß es da und da gewesen sei. Es findet nicht da und da statt, bei diesen oder jenen Dingen. Vielmehr gehört das Da der Dinge, ihr Zur-Stelle-sein zum Stelldichein. Sie sind selbst mit da.

Damit aber entzieht sich das Stelldichein jeder Feststellung. Es fehlt ja das

Vorausgesetzte, das Da, das An-dieser-Stelle, woran wir es festmachen können, weil es selbst zum Stelldichein gehört. Es ist davon nichts feststellbar. Es ist so spurlos, ja spurloser als der Gang der Gestirne über den Himmel. Dennoch können wir sagen: Es ist gewesen, nicht dies oder das ist gewesen, sondern es ist gewesen. Wir können nicht sagen, wo etwas gewesen, sondern nur noch, daß ein Wo gewesen ist.

11.11 In der Regel halte ich mich im Bekannten auf. Ich bin in diesem Zimmer und weiß schon immer: Es ist ein Zimmer in diesem Haus, das in dieser Straße dieses Ortes liegt, das sich in einem Land befindet, das eines unter vielen auf der Erde ist, die selbst ein Himmelskörper unter unzähligen ist. Das Sein der Welt ist selbstverständlich und fraglos.

Ich begegne jemandem in diesem Zimmer, an einer Straßenecke oder sonstwo. Wie gesagt, es ist das Selbstverständlichste von der Welt. Ich kann es aber auch anders sehen. Wir waren nicht und werden nicht mehr sein, wir werden einander ansichtig an einem Ort, der unauffindbar war und sein wird, der uns jedenfalls entzogen wird.

Beide Betrachtungsweisen verweisen auf die beiden Seiten der Welt, die gleichberechtigt sind, so daß man nicht sagen kann, die eine sei wahr und die andere falsch.

11.12 Wir sprachen vom Zusammen sein und vom Stelldichein. Später werden wir von der Begebenheit und der Gegend sprechen, aber damit dasselbe meinen und auf dasselbe hinweisen.

Wir hatten zunächst den Boden unter den Füßen verloren. Aber anstatt zu fallen gerieten wir in einen Zusammenhang von Zugegensein und Nicht-mehr- und Noch-nicht-Zugegensein von Dingen. Wir sind nicht bloß da und dort, bei diesen oder jenen Dingen, sondern sie sind mit uns da. Das eine kann ohne das andere nicht sein. Das scheint zunächst Abhängigkeit zu bedeuten. Aber gerade in dieser scheinbaren Abhängigkeit gewinnt jedes seine Selbständigkeit, ist jedes es selbst. So erscheint gerade das Andere als das Andere, der Andere als der Andere. Es gewinnt die Selbständigkeit und verliert die Gegenständlichkeit.

12 Von den Toten

11.1 Der Satz: »Ich bin hier, in diesem Zimmer«, ist eine richtige Aussage. Sie wird falsch, wenn ich das Zimmer verlasse. Sie wird auch falsch, wenn ich sterbe. Es müßte dann heißen: Er, der Tote, ist da gewesen, in diesem Zimmer. So könnte etwa mein Nachbar sprechen. Aber wen meint er damit, wer ist der Tote? Wenn wir sagen, der Tote habe ein Testament gemacht, so meinen wir den Lebenden. Wenn wir sagen, der Tote werde zu Grabe getragen, so meinen wir den Nicht-mehr-Lebenden. Wäre es anders und umgekehrt, so hätte ein Nicht-mehr-Lebender ein Testament aufgesetzt und ein Noch-Lebender wäre beerdigt worden. Das eine würde auf dem Notariat und unter dem bereits eingesetzten Erben Bestürzung hervorrufen, das andere bei der Friedhofsverwaltung und den Trauergästen. Wenn mein Nachbar sagt: Er ist da gewesen, so meint er den Toten als Lebenden. Wer aber ist der Nicht-mehr-Lebende?

12.2 Der Lebende und der Tote gehören zusammen wie das Leben und der Tod. Das eine ist nicht ohne das andere. Auch das Dasein der Dinge und die Dinge, die da sind, gehören zusammen, das eine ist nicht ohne das andere. Doch sind wir fast immer den Dingen zugekehrt, die da sind und vergessen darüber ihr Dasein. Ich möchte an das Zugegensein der Dinge erinnern, indem ich über den Toten nachdenke.

Von dem Toten sagen wir, daß er nicht mehr ist. Wir sagen aber auch, daß er ist. Er ist tot. Er hat also ein Sein verloren und gewonnen. Er ist ein Seiendes unter anderen, zumindest solange, wie es die sterblichen Überreste gibt. Aber ist er tatsächlich wie ein Stein, eine Pflanze, ein Tier und sei es auch ein totes?

Der Tote läßt sich nicht einfach im übrigen Seienden unterbringen. Er scheint sich dem zu widersetzen, als widerstrebe es ihm. Was unterscheidet den Toten von allen anderen Seienden?

Wir erinnern uns an einen Toten. Wir denken an ihn. Wir stellen ihn uns zum Beispiel vor und sagen: Er ist da gewesen, an jenem Ort, an dieser Stelle, auf die ich zeigen kann. Wir stellen uns vor, wie er dort gewesen ist und was er gemacht hat.

Nun aber wollen wir uns von dem Toten selbst an etwas erinnern lassen. Er soll selbst ein Andenken sein.

Deshalb sagen wir jetzt nicht mehr: Wir erinnern uns, daß der Tote da und da gewesen ist bei diesen und jenen Dingen, sondern wir sagen umgekehrt: Der Tote ist die Erinnerung an das Dagewesensein von etwas. Er ist ein Andenken daran, daß sich etwas gezeigt hat. Das läßt sich von keinem anderen Seienden sagen.

Der Tote und das Dagewesensein von etwas gehören zusammen, ebenso der Lebende und das Dasein von etwas und der Ungeborene und das Noch-nicht-da von etwas.

Der Tod ist das Sich-Verbergen aller Dinge und der Tote ist die Erinnerung an ihr Dagewesensein.

12.3 Denken wir an das Dagewesensein der Dinge, an das der Tote erinnern soll. Es ist etwas völlig anderes als die Vorstellung, daß er da gewesen ist, an dieser oder jener Stelle, es ist die ungeheure Begebenheit, gleichsam ein Blitzschlag in lauter Nacht. Es ist keines der unzähligen Ereignisse und Dinge, seien es große oder kleine, die da gewesen sind. Das Dagewesensein von etwas ist nicht etwas, was da gewesen ist. Es liegt auf einer gänzlich anderen Ebene. So kann uns die Erinnerung an das Dagewesensein der Dinge dazu verhelfen, ihr Da wahrzunehmen.

12.4 Indem wir uns an das Dagewesensein der Dinge durch den Toten erinnern lassen, erinnern wir uns an die vergessene, übersehene Gegenwart der Dinge. Das Da der Dinge ist in der Regel das Selbstverständliche, Fraglose, Nicht-Wahrgenommene. Höchstens bedeutet es die pure Vorhandenheit oder, wie oft gesagt, die Stelle, an der sie sind. Als Zugegensein jedenfalls wird es kaum wahrgenommen.

Wahrnehmung des Zugegenseins ist kein sinnliches Wahrnehmen. Es ist Wahrnehmen in dem Sinn, in dem wir davon sprechen, daß wir eine Chance wahrnehmen oder eine Möglichkeit, die sich bietet. Es ist die Möglichkeit, die Welt neu zu sehen und sich anders in ihr aufzuhalten.

Manchmal genügt eine kurze Besinnung. Ich muß mir nur klar machen, daß das Fleckchen Erde, auf dem ich gerade stehe, da gewesen ist, als ich lebte, und sogleich wird das Da und die Nähe der Dinge, die ich anfassen und begreifen kann und die sonst selbstverständlich und fraglos sind, unfaßbar und unbegreiflich.

Ich kann feststellen, er ist da gewesen. Aber das Dagewesensein von etwas entzieht sich jeder Feststellung so wie wir es auch vom Stelldichein sagten.

13 Von den Ungeborenen

13.1 Wir sagen, daß der Mensch zur Welt kommt und nicht umgekehrt, daß die Welt zum Menschen kommt. Die Welt ist also bereits da mit ihrer Mannigfaltigkeit, nur die Ungeborenen sind noch nicht da. So wird die Welt noch da sein, wenn wir gestorben sind, bloß sind wir nicht mehr da. Das ist die übliche Ansicht und sie ist keineswegs falsch. Wir erinnern uns an die Toten und erwarten die Ungeborenen. Wir erwarten, daß sie da und da sein werden, wo wir jetzt sind. Sie werden unseren Platz einnehmen.

13.2 Wir sagten von den Toten: Sie sind nicht mehr. Sie haben ein Sein verloren. Aber zugleich haben sie eines gewonnen. Sie sind tot.

Entsprechend können wir von den Ungeborenen sagen: Sie sind erst, wenn sie zur Welt kommen. Dann haben sie ein Sein gewonnen. Aber sie sind nicht mehr die Ungeborenen. Also haben sie ein Sein verloren.

Das Zukünftige wird erwartet oder nicht erwartet, es tritt also dann unerwartet ein. Erwartet oder unerwartet kann nur etwas sein und es muß jemanden geben, dem es erwartet oder unerwartet ist.

Im Hinblick auf das zukünftige Sein von etwas aber gibt es nicht nur niemanden, dem es erwartet oder unerwartet wäre, es gibt überhaupt niemanden.

13.3 Der Ungeborene kann nicht etwas erwarten und nicht erwarten wie der Tote nicht erinnern und nicht nicht erinnern kann. Er steht jenseits und außerhalb von Erwartung und Nicht-Erwartung. Der Ungeborene kann nicht erwarten oder nicht erwarten. Er kann zum Beispiel nicht sagen, wenn er geboren ist: »Ich hätte nicht erwartet, daß ich geboren würde, daß ich graue Augen und eine lange Nase haben würde, daß ich ein Mensch sein und daß es die Welt geben würde. Er kann auch nicht sagen: »Genau das habe ich erwartet. Ich bin tatsächlich so wundervoll ausgefallen, wie ich es erwartet habe«. Er müßte sonst ein Sein vor dem Sein, ein Leben vor dem Leben haben.

13.4 Die Ungeborenen stehen also jenseits von Erwartung und Nicht-Erwartung. Aber, so heißt es, sie wissen und wähnen nicht, was sie erwartet. Was sie erwartet ist nicht bloß etwas, sondern das Sein von etwas und das eigene Sein. An dieser Stelle vollziehen wir die Umkehrung. Wir erinnern uns, daß die Toten da und da gewesen sind, wir lassen uns von ihnen aber auch an das Dagewesensein von etwas erinnern. Die Toten sind das Andenken an das Dagewesensein von etwas.

Entsprechend erwarten wir nicht nur, daß die Ungeborenen da und da sein werden. Sie sind selbst die Erwartung des Da, des Zugegenseins, des Seins von etwas.

13.5 Man kann paradox formulieren. Die Ungeborenen sind die Finder des Unauffindbaren, die Entdecker des Unentdeckbaren, sie werden dazu gebraucht. Sie sind die Erwartung, daß es zu einem Wo kommt. Es ist das Wunder, daß in der Dunkelheit des Nichts etwas sich zeigen wird.

Die Dinge sind das entdeckte Unentdeckbare. Sie können nicht entdeckt werden, denn erst mit ihrem Entdecktsein ist der Mensch. Wie schon oft gesagt: Er entdeckt nicht etwas, was da ist, sondern es ist da, indem er es entdeckt und damit ist er selbst da. Er ist jedoch in der Regel auf das Entdeckte bezogen und übersieht und nimmt nicht wahr sein Entdecktsein.

13.6 Was ist das völlig Unerwartete? Nicht irgend etwas und sei es auch noch so unerwartet, sondern das Sein von etwas. Es ist das Unerwartbare. Wir können so formulieren. Die Ungeborenen sind die Erwartung des Seins von etwas.

So wenig wie der Tote erinnern kann, kann der Ungeborene erwarten. Sie sind die Erinnerung an das Dagewesensein von etwas beziehungsweise die Erwartung des Seins von etwas. Das Dagewesensein von etwas ist nicht etwas, was da gewesen ist und das Sein von etwas ist nicht etwas, was sein wird.

13.7 Eine Begebenheit ist ein Ereignis in Raum und Zeit. Wir sprechen auch von Vorkommnis. Man kann es, wenigstens theoretisch, lokalisieren und einen Zeitpunkt oder Zeitraum angeben.

Das Dagewesensein von etwas nun ist nicht etwas, was da gewesen ist. Es ist keine Begebenheit der genannten Art. Es ist nicht eines der unzähligen Ereignisse in der Vergangenheit, von denen wir sagen, daß sie da gewesen sind und daß es sie gegeben hat. Es ist kein Vorkommnis sondern, wenn man so sagen darf, das Hervorkommnis. Es ist die Voraussetzung, daß es Ereignisse in Raum und Zeit überhaupt gibt. Das Dagewesensein von etwas fällt völlig aus der Reihe heraus. Es ist die Begebenheit, die ungeheure Begebenheit.

Normalerweise ist das Da der Dinge fraglos und selbstverständlich. Womit wir uns beschäftigen, sind die Dinge selbst. Indem wir uns an das Dagewesensein der Dinge durch den Toten erinnern lassen, erscheint das Da als das Ungeheure. Wir nehmen nicht mehr bloß die Dinge wahr, sondern ihre Gegenwart, die wir vergessen hatten. Wir waren den Dingen zugewandt und kehren, wenden uns nun die abgekehrte Seite zu.

Entsprechendes gilt für das Sein von etwas. Die Ungeborenen sind gleichsam seine Verwahrer, seine Aufbewahrer. Das Sein von etwas ist nicht etwas, irgend etwas, was sein wird. Es begibt sich mit der Geburt des Menschen. Es ist die Begebenheit, nicht eine von den unzähligen Begebenheiten, die sein werden.

13.8 Indem der Ungeborene zur Welt kommt, ist nicht bloß ein Seiendes mehr da, vielmehr geschieht mit ihm das Zugegensein, das Da, die Gegenwart der Dinge. Es entsteht ein Ort, es gibt Sein. Mit ihm erscheint das Unauffindbare, das mit dem Tod wieder verschwindet. Die Geburt des Menschen ist recht eigentlich das Erscheinen des Unauffindbaren.

14 Über Himmel und Erde

14.1 Zwischen den Dingen, ihnen selbst und mir tut sich die Leere auf, ohne die sie gar nicht erscheinen können. Wir nehmen das Unbesetzte als Abstand wahr und berechnen und schätzen Entfernungen und Distanzen. Die Abständigkeit aber ist die Voraussetzung, daß die Dinge sich überhaupt zeigen können, daß sie nicht bloß da und dort, sondern da sein können. Sie macht ihnen den Platz frei, räumt ihn ein.

Einiges ist nah, anderes fern. Das Ferne kann ich mir vorstellen, das Nahe wahrnehmen und das Nächste berühren und anfassen. In einer gewissen Hinsicht aber ist das Allernächste entlegener als das Entlegenste, ferne Sterne zum Beispiel, da es unauffindbar war und sein wird. Es ist die unbegreifliche Nähe der Dinge, die wir anfassen und berühren.

14.2 Auf der einen Seite haben wir also die Dinge, die da und da im Raum sind, auf der anderen Seite das Dasein der Dinge selbst. Einerseits sind sie an einer Stelle, andererseits zur Stelle. Wir können auch von ihrem Zugegensein, ihrer Anwesenheit, ihrer Gegenwart sprechen.

Wir nehmen nicht allein die Dinge wahr. Es gibt auch die Wahrnehmung der Gegenwart der Dinge. Allerdings nehme ich sie nicht wahr wie ein Ding. Es handelt sich eher um die Wahrnehmung einer Möglichkeit, einer Chance, wie bereits gesagt.

14.3 Die Dinge sind von Leere umgeben. Statt dessen kann ich auch sagen: vom Offenen, Freien, Unbesetzten. Sie sind darin, tauchen darin auf. Ohne solches Offene, Freie könnten sie sich nicht zeigen und erscheinen. Aber es gilt wohl auch das Umgekehrte. Erst mit den Dingen kann die Leere erscheinen, sie zeigt sich an ihnen. Im Wort »Raum« sind beide Bedeutungen und Betrachtungsweisen enthalten: Das »Worin etwas ist« und das Freie, Unbesetzte, etwa wenn wir sagen, daß wir den Platz räumen oder aufräumen wollen, das heißt ja freimachen.

14.4 Ich befinde mich vor einer Wand. Das Offene, Freie des Zwischenraumes trennt sie von mir. Ich kann ihn ausmessen. Die Wand ist so und so weit von mir entfernt. Ich verrechne, wie gesagt, das Offene und Freie als Distanz oder Zwischenraum. Dabei vergesse oder übersehe ich, daß das Offene und Freie des Abstandes, die Abständigkeit, oder wie immer ich es nennen mag, erst macht, daß die Wand überhaupt erscheinen kann. Erst sie gibt die Nähe, daß ich sagen kann, etwas sei nah oder fern.

Ich kann natürlich nicht drinnen in der Wand sein, ich muß draußen, außerhalb sein, so wie die Wand und die Dinge überhaupt draußen sind, nicht verborgen. Nur deshalb, weil die Wand zugegen ist, kann ich sie als Gegenstand erfassen, der in einiger Entfernung von mir ist. Die Wand oder sonst ein Gegenstand ist also nicht allein an einer Stelle, sondern zur Stelle und nur, weil sie zur Stelle ist, ist sie an einer Stelle. Anstatt bloß etwas zu sehen, können wir auch auf das Zugegensein von etwas achten.

14.5 Beide Arten von Raum, als das Worin und das Offene finden wir auch in dem Verhältnis von Himmel und Erde wieder.

Der Himmel umschließt die Erde. Sie hat einen Ort im Weltraum. Sie wird aber auch vom Horizont umschlossen, in dessen Mittelpunkt wir verbannt sind. Er ist die Trennungslinie von in räumlicher Hinsicht An- und Abwesendem. Wir sagen auch, daß der Himmel sich über der Erde wölbt und sprechen vom Himmelsgewölbe. Nun kann man sich die Erde nicht ohne den Himmel und außerhalb des Himmels vorstellen. Man kann sie daraus nicht wegnehmen oder wegdenken oder erst nachträglich hineintun. Sie ist drinnen.

Sie nimmt aber nicht bloß einen Ort im Raum, im Himmelsraum ein, sie braucht auch das Freie, Offene, Unbesetzte, die Leere des Himmels, um erscheinen zu können. Man kann sie unmöglich ohne und außerhalb des Offenen denken. So erst wird das Zugegensein, das Draußensein möglich. Sie könnte sich sonst nicht zeigen und wäre verborgen wie das Innerste eines Steins.

14.6 Ich kann mir unmöglich die Erde ohne den Himmel denken, eher schon den Himmel ohne die Erde. Er erscheint dann als Leere. Aber die Erde ohne den Himmel zu denken und sich vorzustellen ist unmöglich. Sie hätte dann kein Dasein. Denn erst das Freie und Offene des Himmels läßt zu, daß sie erscheinen, im Freien liegen und sich zeigen kann. Er bringt sie hervor in die Anwesenheit und erscheint selbst als das Offene, Freie gegenüber dem Verschlossenen der Erde. Er macht also, ermöglicht, daß sie da ist, zugegen, gegenwärtig, anwesend, zur Stelle. Nun erst kann man sagen, daß sie da ist, an einer Stelle, an einem Ort im Raum. Auch in unserer Vorstellung ist die Erde von dem Offenen umgeben und läßt sich nicht davon abtrennen. Sie kann nicht ohne das Offene sein. Man kann sie nicht erst in das Offene halten wie eine Kugel in das Wasser, als hätte sie vorher außerhalb des Offenen existiert, ohne es.

14.7 Wie steht es nun mit dem Verhältnis von Himmel, Erde und dem Menschen? Die normale, verständliche Auffassung ist folgende: Der Mensch hält sich auf der Erde unter dem Himmel auf. Die Erde nimmt eine Stelle in der Weite des Himmels, des Weltalls ein.

Die allerdings sehr ungenaue Beschreibung des Aufenthaltes eines Menschen, der Stelle, an der er sich befindet, seiner Stellung wäre folgende:
Er ist da (an einer Stelle).
Er ist oder steht vor dem Haus.
Er ist oder steht auf der Erde.
Er ist oder steht unter dem Himmel.
Ich kann aber auch die Umkehrung vollziehen, indem ich die Präpositionen, die Verhältniswörter anders setze.
Etwas ist da (zur Stelle, zugegen).
Das Haus ist oder steht vor ihm.
Die Erde ist oder liegt unter ihm.
Der Himmel ist oder steht über ihm.
Es findet also ein Wechsel statt. Zunächst stehen die Verhältniswörter vor: Haus, Erde, Himmel, dann vor: ihm, dem Menschen. Zunächst wird gesagt, wo er ist, sich befindet, an welcher Stelle. Aber wird umgekehrt gesagt, wo Haus, Erde und Himmel sind? Mir scheint, daß nicht gesagt wird, an welcher Stelle sie sind, sondern daß sie zur Stelle sind, jemandem zugegen, daß sie sich einstellen.

14.8 Von einem Toten kann ich ebenfalls sagen:
Er ist da (an einer Stelle).
Er ist oder liegt vor dem Haus.
Er ist oder liegt auf der Erde.
Er ist oder liegt unter dem Himmel.
Es handelt sich um eine allerdings sehr ungenaue Ortsbeschreibung.
Aber ich kann nicht umgekehrt sagen:

Etwas ist da (zur Stelle, zugegen).
Das Haus ist oder steht vor ihm.
Die Erde ist oder liegt unter ihm.
Der Himmel ist oder steht über ihm.
Etwas ist ja gerade nicht mehr da. Das Haus ist nicht vor ihm, die Erde ist nicht unter ihm, der Himmel nicht über ihm. Der Himmel geht ihm gerade nicht mehr über der Erde auf, die damit ansichtig wird.

14.9 Mein Sprechen ist an dieser Stelle nur noch andeutungsweise, aber ich hoffe doch, noch einigermaßen sinnfällig und nachvollziehbar.
Mit dem Tod fällt der Himmel über der Erde zusammen, mit der Geburt geht der Himmel über der Erde auf. Der Tod ist das Sich-Verbergen der Dinge, die Geburt das Sich-Aufdecken.
Mit dem Menschen öffnet sich das Zwischen von Himmel und Erde und Geburt und Tod.
Er hält den Himmel über der Erde auf. Deshalb können wir sagen, daß der Himmel über ihm steht, die Erde unter ihm liegt und die Dinge vor ihm liegen. Und nun erst können wir sagen, daß er auf der Erde unter dem Himmel sich aufhält. Jenes ist seine erste, nie besessene Heimat, dieses seine zweite.

14.10 Einerseits halten wir uns auf der Erde unter dem Himmel auf. Wir zeichnen unseren Lebensweg in die vorhandene Welt der Dinge ein (Straßen, Städte, Landschaften), während die Zeit wie unabhängig davon vergeht.
Andererseits halten wir die Weite des Lebens von Anfang bis Ende auseinander und zusammen und den Himmel über der Erde auf. Das Offene, Freie des Himmels macht, daß die Erde und die Dinge erscheinen können. Sie liegen und erscheinen am Lebensweg und zeigen sich nur einem, der auf dem Weg ist.
Gewöhnlich sehen wir uns »drinnen«, innerhalb der uns umgebenden Dinge, einer Umgebung also.
Die Umkehrung, mit der wir die uns abgekehrte Seite zuwenden wollen, ist ein Nach-draußen-stellen.
Wenn sie gelingt und sei es nur für Augenblicke, sehen wir in der Oberfläche der Erde ihr schönes Anwesen in der Freie des Himmels und in den Dingen die Küsten der Welt, die vor uns auftauchen und verschwinden.

15 Von der Gegend

15.1 Wenn wir die Geborgenheit eines Hauses oder eines Raumes verlassen, sagen wir, daß wir nach draußen gehen oder ins Freie. Nun scheint uns aber auch das Draußen, die Freie wie ein Raum zu umgeben. Zunächst sind wir gebannt in die Mitte des Gesichtskreises. Die Welt, Erde und Himmel, wir sprechen ja auch vom Himmelsgewölbe oder Himmelszelt, umgibt uns, dann die ungeheure Weite des Weltalls, in dem wir uns verloren fühlen, auch wenn unser Bewußtsein so weit reicht wie es selbst.

Wir also sind draußen, im Freien, das uns doch wieder wie ein Drinnen, wie ein Raum erscheint. Ungewöhnlich dagegen ist es zu sagen, daß die Erde und die Dinge selbst draußen sind oder im Freien.

15.2 Ich stehe auf einem Aussichtspunkt. Er ist gewissermaßen der Versammlungsort der umliegenden Dinge. Ich sehe den Horizont oder den Gesichtskreis, der das Anwesende vom Abwesenden trennt und ich bin selbst der Mittelpunkt dieses Kreises, aus dem ich mich nicht fortbewegen kann, so oft ich auch meine Position verändere. Der Gesichtskreis bleibt derselbe, nur die Dinge, die darin erscheinen, sind immer andere. Ich bin der in den Mittelpunkt Verbannte.

Ich halte mich in einer Gegend auf, hinter der sich andere Gegenden auftun. Die Dinge befinden sich im Vordergrund und im Hintergrund, sie nehmen bestimmte Stellen ein. Die Dinge, die zugegen sind, bilden die Gegend, in der ich mich aufhalte. Ich erfahre mich von ihnen umgeben, ich bin drinnen, inmitten der Dinge.

15.3 Betrachten wir nun das, was da ist. Das Ferne ist auf andere Weise da als das Naheliegende. Das Nächste kann ich sogar berühren. Dennoch ist das Ferne da. Sogar das Abwesende, also das, was jenseits des Horizontes liegt, ist auf seine Weise da. Ohne das Abwesende, also das, was mir entzogen ist, gäbe es nichts Anwesendes. Ohne Abwesendes, also etwas, das nicht da oder nicht mehr oder noch nicht da ist, gäbe es nicht Raum und Zeit. Sie würden sich nicht auftun. Es wäre Allgegenwart.

Ich selbst bin der Beziehungspunkt alles Anwesens und Abwesens. Ich sehe in die Weite hinaus und die Dinge sind da und da, an dieser oder jener Stelle. Aber das kann ich nur sagen und das sind sie nur, weil sie zugleich da sind, also zur Stelle.

15.4 Etwas ist nicht da, zum Beispiel der Eingang zu einem Haus in Südamerika. Ich sehe ihn vor mir. Er ist mir entzogen, ist nicht zugegen wie fast alles nicht zugegen ist. Nur eine Winzigkeit aus dem All des Seienden ist zugegen, wobei die Grenze, was als zugegen zählen kann, schwer zu ziehen ist. Jedenfalls gäbe es ohne Entzogensein gar kein Zugegensein von etwas, keine Gegend.

Nun ist aber der Eingang zu einem Haus in Südamerika da in der Weise des Nicht-da, in dem ich vorstelle. Die Vorstellungskraft läßt da sein was nicht da ist und schafft einen Schein von Allgegenwart. Ähnlich ist es mit dem Fernsehen.

Es bleibt aber dabei, daß der Eingang nicht da ist. Allerdings kann das, was nicht da ist, auf seine Weise »daseiender« sein als das, was da ist. Wir kennen es vom Heimweh, Fernweh oder der Sehnsucht. Dann denken wir mit Schmerzen an etwas, das abwesend ist. Wir sprachen schon davon.

15.5 Nun gibt es auch ein zeitliches Entzogensein. Das Zukünftige und das Gewesene ist uns entzogen. Auch gehe ich als Zeitreisender nicht auf etwas zu, das schon da ist im Sinne von vorhanden und das ich in der Zukunft erreichen werde. Der Zeitreisende ist auf dem Weg in die Zukunft. Was ständig vor ihm liegt und das Land, das er ständig betritt, wenn man so sagen darf, ist die Zukunft. Die Zukunft ist für ihn die Noch-nicht-Gegenwart der Dinge selbst. Sie sind da in der Weise des Noch-nicht-da, am deutlichsten erkennt man es vielleicht an den letzten Dingen, nicht weil er sie erwartend vergegenwärtigt, sondern weil er unterwegs ist oder genauer gesagt: weil ein Weg sich begibt. Er braucht bis dahin nicht die Jahre, die schließlich sein Leben zählen wird, es ist nicht so und so weit und er braucht nicht so und so lange, sondern es gilt: »solange bis es soweit ist, dann ist es Zeit«, aber auch: »solange ist Zeit«. Er kann etwas nicht von sich selbst her erreichen, es wird erreichbar, so wie ich, wie oft gesagt, den Tag, der heute ist, nicht von mir aus erreichen konnte, so auch nicht die Dinge, die er beleuchtet.

15.6 Wir denken das Zugegensein der Dinge nicht bloß auf dem Hintergrund der Dinge, die nicht zugegen sind, sondern auf dem Hintergrund des Nicht-mehr-Zugegenseins der Dinge insgesamt. Das eine ist räumliche, das andere zeitliche Entzogenheit. Deutlicher wird der zeitliche Sinn, wenn wir von der Gegenwart der Dinge sprechen. Davon zu sprechen hat nur Sinn auf dem Hintergrund ihrer einstigen Noch-nicht- und Nicht-mehr-Gegenwart. Daran denkend, mich daran erinnernd kann ich das Dasein der Dinge und ihr Dagewesensein, also ihr zukünftiges Entzogensein noch schmerzhafter erfahren als das Nicht-da eines Dinges, das weit weg und mir entzogen ist und an dem mein Herz hängt.

15.7 Wie wird das zeitliche Entzogensein erfahrbar? Ich bin der Bezugspunkt des An- und Abwesenden, das durch die Horizontlinie, den Gesichtskreis getrennt wird. Es handelt sich allerdings hierbei nur um ein Gleichnis eines ganz anderen An- und Abwesens der Dinge, dessen Mittelpunkt ich bin. Um es zu erfahren, muß ich die Dinge sein lassen. Sein lassen heißt von etwas ablassen, aber auch etwas zulassen. Indem ich von etwas ablasse, lasse ich etwas zu.

Aber wovon soll ich ablassen und was soll ich zulassen? Ich soll ablassen von den Dingen, die als Gegenstände und Objekte zugegen sind und ich soll ihr Zugegensein zulassen, das die ursprüngliche Gegend bildet.

Es ist ein Ablassen von der Vorhandenheit als Bild ihres ewigen Bestandes und das Zulassen des Zugegenseins der Dinge auf dem Hintergrund ihrer zweifachen einstigen Abwesenheit, ihres Noch-nicht- und Nicht-mehr-Zugegenseins. Es ist auch ein Zulassen der Endlichkeit des Menschen.

15.8 Ich spreche vom Umschlagen. So wie man die Seite eines Buches umschlägt, so daß man die andere, uns abgekehrte sehen kann, so sollen wir die andere Seite der Welt sehen, wenigstens momentweise, die verstellt ist.

Ein anderes Beispiel: Man sieht sich im Spiegel, man erblickt sich, man sieht sich an. Nun kann ein Wechsel geschehen, man wird von seinem Spiegelbild selbst erblickt. Der Anblick blickt einen an.

15.9 Wenn ich nicht allein auf die Dinge achte, die zugegen sind, sondern auf ihr Zugegensein, trete ich aus der Umgebung, aus dem Inmitten, aus der Gegend heraus und zugleich werden die Dinge nach draußen, ins Freie gestellt. Sie bilden die ursprüngliche Gegend und der Erdboden erscheint als das schöne Anwesen der Erde und in den Dingen erblicke ich die Küsten der Welt, die vor mir auftauchten und wieder verschwinden werden. Sie werden unauffindbar, unentdeckbar sein, so wie sie es waren. Ich sprach schon davon.

15.10 Ich sprach von der Gegend, der Begebenheit, dem Zusammen sein, dem Stelldichein. Mit diesen Wörtern weise ich auf dasselbe hin. Es entzieht sich jeder Feststellbarkeit. Ich kann nur sagen: Es ist und im Hinblick auf meinen Tod: es ist gewesen. Es ist nicht etwas gewesen, nicht dies und das, es ist gewesen. Es ist so wenig davon feststellbar, bleibt so wenig, ist so spurlos wie der Gang der Gestirne über dem Himmel. Eigentlich ist es nichts, aber es ist.

Ich kann nicht sagen: Da und da ist es, ist es gewesen oder wird es sein, weil jedes »Da« zum Zusammen sein, zum Stelldichein gehört. Ich kann wohl sagen, wo etwas ist und gewesen ist, aber nicht, wo ein Wo ist und gewesen ist. Das Seiende ist feststellbar, das Sein entzieht sich jeder Feststellung.

16 Über das Verhalten

16.1 Wir bewegen uns zwischen Dingen im Raum, halten uns bei ihnen auf, wir können weggehen und zurückkehren. So erfahren wir uns.

Nun werden aber alles Hin und Her, Vor und Zurück, alle Bewegungen und Aufenthalte im Raum abgelenkt und anders abgebildet. Sie gliedert sich zu einem unaufhaltsamen, unumkehrbaren Nacheinander. Wir bewegen uns nicht allein im Raum, während die Tage kommen und gehen, wir kommen auch da her, wohin die Tage gehen und gehen da hin, woher sie kommen. Wir sind Gegenläufer der Zeit. Darunter verstehen wir jetzt die konkrete Zeit, also die Gegenwart, Nicht-mehr-Gegenwart und Noch-nicht-Gegenwart der Dinge selbst.

Entsprechend können wir auch auf zweifache Weise vom Lebensweg sprechen. Wir zeichnen ihn in die vorhandene Welt mit ihren Dingen ein, während die Zeit wie unabhängig davon vergeht. Jedes hat sein Wo und Wann.

Zugleich ist es ein unaufhaltsames, unumkehrbares Vorrücken auf dem Weg zwischen Anfang und Ende. Auch diesen Weg nennen wir Lebensweg. Aber wir zeichnen ihn nicht in die vorhandene Welt der Dinge ein, vielmehr liegen die Dinge am Lebensweg und erscheinen nur jemandem, der auf diesem Weg ist.

Das eine nannten wir den Lebensweg des Raumfahrers, das andere den des Zeitreisenden. Der Weg des Zeitreisenden ist also das Offenlegen des Weges selbst, das heißt der Ereignisse und Dinge, die an seinem Weg liegen. Es gibt keinen Weg, er entsteht, indem einer ihn geht. Wir werden nun fragen, ob wir aus unseren Überlegungen einige Anweisungen für eine Ethik entnehmen können.

16.2 Zweifellos hat jeder Mensch das Recht, seinen Lebensweg selbst zu bestimmen. Dieses Recht hat seine Grenzen an den anderen und ihren Lebenswegen.

Der Mensch hat das Recht auf einen Weg in das Leben. Er darf nicht bereits am Anfang durch soziale und politische Umstände am Leben gehindert werden.

Er hat ferner das Recht auf einen weitgehend selbstbestimmten Weg durch das Leben und schließlich das Recht auf den eigenen Tod. In diesen Grenzen darf kein anderer über seinen Weg befinden.

16.3 Jeder Mensch hat seine Lebensgeschichte. Darüber hinaus gibt es die Geschichte, in der die unzähligen Geschichten gleichsam gebündelt werden und die »Männer, die Geschichte machen« und Einfluß auf die Geschichten und Lebenswege vieler haben.

Ich will einmal annehmen, unser Leben sei durch einen Gott oder durch Naturgesetze vorherbestimmt. Es wäre also im Grunde schon alles geschehen, was geschehen wird. Wir würden unsere Lebensgeschichte nicht selbst schreiben, sondern nur nachlesen, was bereits geschrieben und vorgeschrieben ist. Oder wir würden nur eine Nachschrift anfertigen, also schreiben, was uns diktiert wird.

Schon die Vorstellung eines göttlichen Diktators oder eines Gesetzes, das uns beherrscht, ist schwer erträglich. Unerträglich ist die Vorstellung eines menschlichen Diktators, der die Lebenswege Unzähliger bestimmt.

16.4 Das alles scheint selbstverständlich zu sein. Nun unterschieden wir Raumfahrer und Zeitreisenden und beider Welten, die doch eine ist. Jedenfalls halten sie sich auf verschiedene Weise in der Welt auf.

Der Zeitreisende ist das Pendant des Raumfahrers, er ist dessen Schatten, er begleitet ihn beiläufig, beide sind unzertrennlich, obgleich sie getrennte Wege gehen. Er führt gegenüber dem Raumfahrer eine beinahe verborgene Existenz.

Als Raumfahrer erfahre ich mich vorwiegend als Tätigen, als Handelnden; als Zeitreisender, obgleich er die Dinge hervorbringt, eher als Erleidenden, dem etwas geschieht.

Wir finden uns auf einem Weg vor, der sich unaufhaltsam begibt und gelangen schließlich an sein Ende. Wir werden dann nicht sagen, daß wir uns hinbegeben haben, sondern der Weg hat sich begeben.

Wir verfügen nicht über unsere Geburt und unseren Tod und nur in Maßen über unseren Weg. Wir begegnen uns an einem Ort, der uns zwar bekannt und vertraut scheint, der aber unauffindbar war und unauffindbar sein wird, wir haben uns nicht verabredet, wir werden voneinander getrennt und werden uns nicht wiedersehen, wenigstens nicht aus eigener Machtvollkommenheit. Das Schicksal des Menschen ist also schwer genug, selbst dort, wo sein Leben glücklich verläuft.

16.5 Haben Raumfahrer und Zeitreisender verschiedene Verhaltensweisen, da sie sich auf verschiedene Weise in der Welt aufhalten? Ich möchte von einer Ethik des Könnens und des Nicht-Könnens sprechen.

Wer etwas kann, eine Sprache, ein Handwerk, ein Instrument spielen, beherrscht etwas. Das Können ist ein Beherrschen, daß auch eine Quelle des Glücks sein kann.

Seine größte Entfaltung erhält das Können vielleicht in der Naturbeherrschung und der Technik und in der Organisation des Zusammenlebens. Allerdings stößt es hier auch am ehesten an seine Grenzen.

16.6 Es ist fraglich, ob das Können tatsächlich gekonnt und das Beherrschen beherrscht werden kann. Ein Beispiel soll hier genügen. Die Erfindung des Autos hat ungeahnte Folgen gehabt. Es mußten Straßen, Fabriken, Schiffe gebaut, Erdölquellen erschlossen werden und so weiter und so weiter. Jede dieser Maßnahmen hatte wieder andere zur Folge und diese wieder andere. Eine einzige Erfindung zog also eine weitgehende Veränderung der Erde nach sich, so daß fraglich wird, ob dieser Fortriß tatsächlich nach Maßgabe des Menschen geschieht. Eher scheint es doch, daß nicht der Mensch das Beherrschen beherrscht, sondern davon beherrscht wird.

16.7 Damit ein gedeihliches Zusammenleben der Menschen und eine sinnvolle Anwendung der Technik möglich sind, wird ein bestimmtes Verhalten erwartet, das durch Regeln, Gebote, Gesetze vorgeschrieben ist. Deren Grundstruktur lautet: Du sollst, also kannst du. Es kann keine Forderung sein, wenn sie nicht erfüllbar wäre.

Also beruht auch die Erfüllung der Norm auf einem Können. Wir sprechen auch davon, daß man seinen Neigungen nicht nachgeben, sondern sie beherrschen soll. Man kann also von einer Ethik des Könnens und Beherrschens sprechen.

16.8 Können heißt etwas können. Es ist ein Dies- und Das-Können. Es wird überschritten vom Sein-Können, das kein Dies- und Das-Können ist. Das Sein-Können liegt nicht in unserem Können. Es ist ein anderes, unscheinbares Können, das ein Eingeräumtsein, ein Gewährtsein, ein Dürfen ist. Es ist ein Nicht-Können, ein Nicht-von-uns-her-Können.

Ein Kind fragt die Eltern, ob es noch draußen bleiben kann zum Spielen im Freien, ehe die Nacht kommt. Es fragt, ob es noch bleiben darf.

16.9 Es ist wie gesagt ein unscheinbares Können, das man nicht als Können bezeichnet. So kann ich sagen: »Ich kann die Sonne sehen, ich kann einen Freund besuchen, ich kann den Regen auf den Blättern hören«. Allerdings wird kaum jemand so sprechen und sich dafür rühmen. Es ist doch selbstverständlich. Wir würden verstehen, wenn Behinderte derart reden würden, etwa ein Blinder, der wieder sehen, ein Lahmer, der wieder gehen, oder ein Tauber, der wieder hören kann, und tatsächlich wäre es ja ein Wunder. Aber das zeigt nur, daß unser Denken lahm, blind und taub ist. Denn im Grunde geht es um das, worum es allen geht und wofür die meisten alle Schätze der Welt aufgeben würden: daß man die Sonne sehen, einen Freund besuchen, den Regen auf den Blättern hören, daß man sein kann.

Es handelt sich um keine Ethik des Machbaren, sondern des Nicht-Machbaren. Diese sollte nicht an die Stelle von jener treten, die unverzichtbar bleibt (wenn auch unbarmherzig, da unerfüllbar), aber an ihre Seite. Ich gebe einige Hinweise.

16.10 Menschen leben zusammen mit anderen. Das Zusammensein oder Zusammenleben, das heute die ganze Erde umspannt, muß so organisiert werden, daß möglichst jeder ein selbstbestimmtes Leben führen kann. Deshalb wird von jedem ein bestimmtes ethisches oder moralisches Verhalten verlangt.

Nun mag die Organisation des Zusammenseins noch so gut sein. Der Blick auf das Zusammen sein und Zusammen leben ist etwas anderes. Jedes Zusammensein aber beruht, so sagten wir, auf einem Zusammen sein.

Wir gehen also einen anderen Weg und fragen, ob nicht zunächst ein geändertes Verhältnis zur Welt, zu Menschen und Dingen angestrebt werden soll, aus dem ein anderes Verhalten erwächst. Es soll also nicht zuerst ein bestimmtes Verhalten erwartet und gefordert, sondern ein anderer Aufenthalt in der Welt eingeübt werden, aus dem dann das Verhalten entspringt.

16.11 Wir sagten, das Zusammensein der Menschen müsse so organisiert werden, daß es gut ist. Das Zusammensein beruht auf dem Zusammen sein, das nicht machbar und verabredbar ist. Die Betonung verlagert sich von dem Zusammen auf das Sein. Das Zusammensein ist ein Seiendes, nämlich ein Treffen an einem Ort. Das Zusammen sein ist kein Seiendes, der Ort gehört zum Zusammen sein. Es ist das Sich-Einstellen von Menschen und Dingen oder das Stelldichein. Wir verfügen nicht darüber und es wird uns wieder entzogen.

In dieser Ansicht wird die Selbstverständlichkeit und Fraglosigkeit des Seins der Welt in Frage gestellt und tatsächlich ist sie ja in Frage gestellt zum Beispiel durch verheerende Kriege.

Die Organisation des Zusammenseins und Zusammenlebens mag noch so gut sein. Der Blick auf das Zusammen sein und Zusammen leben ist etwas anderes. Er befreit und macht fremd zugleich.

Wir sehen nicht bloß die Dinge vor dem Hintergrund der selbstverständlich und fraglos existierenden Welt, sondern gleichsam ihre auftauchenden und verschwindenden Küsten, wir sehen uns nicht bloß, sondern werden einander ansichtig und in jedem Auf Wiedersehen schwingt das mögliche Nicht-mehr Wiedersehen mit.

Wie schon gesagt: Wenn wir die Welt als Stelldichein (Gegend, Zusammen sein, Begebenheit) betrachten, verlieren die Dinge und Menschen ihren Charakter als Gegenstände und Objekte. Es entsteht eine Zusammengehörigkeit. Das eine kann nicht ohne das andere sein und erscheinen, aber gerade in dieser gegenseitigen Abhängigkeit gewinnt jedes seine Selbständigkeit. Der Andere erscheint erst als der Andere, das Andere als das Andere. Hieraus könnte eine Ethik der gegenseitigen Achtung entstehen.

16.12 Aus der Aufmeksamkeit auf das unscheinbare Können könnte vielleicht eine Ethik der Bescheidenheit und Dankbarkeit erwachsen. Ich spreche von einfachen Tatsachen, die aber im alltäglichen Leben, in dem die Frage, wer und was wir sind, weitgehend durch Herkunft, Stand, Name und Beruf beantwortet wird, also nicht beantwortet wird, untergehen und vergessen werden. Die Erinnerung daran könnte zur Einsicht führen, daß wir Schicksalsgenossen sind, gegenseitig Bedürftige und daraus könnte eine Ethik des Mitleids, der Mitleidenschaft und der Solidarität entstehen.

16.13 Man wird sagen, es sei völlig utopisch zu hoffen, man könne ein anderes Verhältnis zur Welt, zu Menschen und Dingen gewinnen und daraus könne ein anderes Verhalten erwachsen. Das ist völlig richtig. Es ist so utopisch wie die Hoffnung, wir würden uns Gesetzen, Regeln, Geboten entsprechend so verhalten, daß ein gutes Zusammensein und ein Überleben ohne gewaltige Katastrophen möglich ist. Aber geben wir deshalb die Hoffnung auf, daß es so sein könnte?

Unterhaltung an der Straßenecke

R: Guten Tag, ist das ein Zufall. Wir haben uns lange nicht gesehen.
Z: Das kann man wohl sagen.
R: Es ist schon merkwürdig, zur selben Zeit am selben Ort.
Z: Mich wundert auch, daß wir dieselbe Zeit gebraucht haben.
R: Wie meinst du das?
Z: Wann haben wir uns das letzte Mal gesehen?
R: Es muß ein Jahr her sein.
Z: Also weit zurück in der Vergangenheit. Mich wundert, daß wir auf dem Weg aus der Vergangenheit in die Gegenwart, daß wir für den Weg hierher offenbar dieselbe Zeit gebraucht haben. Ich meine, die Zeit ist für uns beide gleich schnell abgelaufen. Fast möchte ich sagen, wir sind sie gleich schnell abgelaufen. Wir waren offenbar, wie soll ich sagen, stets auf gleicher Höhe, daher sind wir gleichzeitig angekommen. Keiner ist hinter dem anderen zurückgeblieben. Sonst hätten wir uns ja nicht treffen können.
R: Ja, zurückbleiben oder vorausgehen, schneller oder langsamer sein, kann man nur im Raum. Es ist wirklich seltsam dieses Zusammentreffen, unser Zusammensein nach so langer Zeit.
Z: Ja, ein reiner Zufall. Ein Zusammensein kann zufällig oder verabredet sein, es kann einem bestimmten Zweck dienen oder auch nicht. Aber das hier ist rein zufällig. Zur selben Zeit am selben Ort, ohne sich verabredet zu haben.
R: Die ganze Zeit über waren wir zur selben Zeit an verschiedenen Orten oder am selben Ort zu verschiedenen Zeiten.
Z: Man kann nur zur selben Zeit am selben Ort sein, weil man nur zur selben Zeit lebt.
R: Und am selben Ort, zumindest muß er in erreichbarer Nähe sein. Meinem Urururgroßvater oder meinem Ururenkel kann ich unmöglich begegnen.
Z: Ich meine, wenn man nicht zusammen sein würde, könnte man auch nicht zusammensein.
R: Natürlich, kein Zusammensein ohne Zusammensein.
Z: Ich meine doch: Kein Zusammensein ohne Zusammen sein.
R: Wieso ziehst du das Wort so komisch auseinander?
Z: Die Betonung wandert dabei vom »Zusammen« auf das »Sein«.

R: Paß auf, das kann ich auch. Das hier ist eine Zusammenkunft oder ein Zusammenkommen. Also sage ich: Kein Zusammenkommen ohne Zusammen kommen, was offenbar Unsinn ist. Denn wenn man zusammen kommt, kann und muß man nicht mehr zusammenkommen, man ist ja zusammen. Man muß also Auseinandersein um Zusammenzukommen.
Z: Du denkst ja ganz gut mit den Ohren.
R: Ich dachte bisher, ich würde mit ihnen hören.
Z: Ja, du solltest auch jetzt auf die Wörter hören, was sie sagen. Paare leben doch zusammen. Aber wie könnten sie das, wenn sie nicht zusammen leben würden. Und so können wir nicht zusammensein ohne zusammen zu sein. Beides gehört unzertrennlich zusammen. Das eine kann ohne das andere nicht sein. Das Zusammen sein scheint mir jenseits von Zufall und Verabredung zu sein.
R: Wegen mir. Aber ich bin für das Zusammensein zuständig. Da habe ich festen Boden unter den Füßen. Es ist ein Zusammensein heute und hier an dieser Straßenecke. Aber nun sag mir, wo dein sogenanntes Zusammen sein stattfindet.
Z: Eigentlich nirgendwo.
R: Ach so, nirgendwo.
Z: Wenn ich sage, es finde an dieser Straßenecke statt, wird daraus ein Zusammensein, irgendein Ereignis. Man vergißt das Zusammen sein.
R: Aha.
Z: Die Straßenecke gehört zum Zusammen sein.
R: Was? Sag das noch einmal.
Z: Die Straßenecke wie auch alles, was zugegen ist, gehört zum Zusammen sein.
R: Ich hatte bisher gemeint, das Zusammensein bestünde aus uns beiden. Wir beide wären anwesend. Aber wenn du meinst, daß auch die Straßenecke anwesend ist.
Z: Aber diese Straßenecke ist doch da im Gegensatz zu entfernten Dingen und Personen, die nicht da sind. Also ist sie anwesend und jene sind abwesend. Man kann durchaus von der Gegenwart von Dingen sprechen, nicht bloß von Menschen.
R: Das mag ja sein, aber du wirst doch nicht sagen wollen, daß die Straßenecke auf dieselbe Weise zugegen ist wie wir.
Z: Nicht auf dieselbe Weise, aber doch anwesend.
R: Um Gottes Willen. Wenn ich anderen erzähle, daß nicht nur wir beide anwesend waren, sondern auch die Straßenecke, wenn auch auf andere Weise, wird man mich für verrückt halten. Man wird sagen, das komme eben davon, wenn man sich mit jemandem wie dir einläßt. Oder man wird mich fragen, welchen Beitrag zu unserem Gespräch denn die Straßenecke geleistet habe.

Z: Immerhin ist sie still gewesen.
R: Du mußt mir endlich erklären, was du mit Gegenwart, Anwesenheit, Zugegensein von Dingen meinst, da es sich ja dabei offenbar um dieselbe Sache handelt.
Z: Ja, du kannst auch sagen, ihr zur Stelle sein im Gegensatz zu: an einer Stelle sein.
R: Aber die Straßenecke wie jedes feststehende Ding ist doch an einer Stelle, eben da, an dieser Stelle.
Z: Ja, aber sie ist auch zur Stelle oder hat sich eingestellt.
R: Was? Hat sie denn Füße?
Z: Du weißt doch, was ein Stelldichein ist.
R: Ja, ein Treffen oder Zusammensein von Verliebten. Meistens findet es an einem besonderen Ort statt.
Z: Ich meine, daß der Ort, an dem es stattfindet, zum Stelldichein gehört.
R: Wie der Ort, an dem ein Zusammensein stattfindet, zum Zusammen sein?
Z: Ja, zum Zusammen sein oder Stelldichein.
R: Wegen mir, aber das bringt uns auch nicht weiter.
Z: Du wirst doch zugeben, daß diese Straßenecke, oder was immer du willst, unauffindbar sein wird wie sie unauffindbar war und daß wir uns vor der Geburt nicht gesehen haben und nachdem Tod nicht mehr sehen.
R: Woher willst du das wissen?
Z: Du hast recht. Ich bin mir dessen nicht sicher. Manchmal denke ich, wenn es möglich ist, daß etwas zugegen und wir einander zugegen sind, wieso sollte es dann unmöglich sein, daß es eine andere Welt gibt, in der wir uns wiedersehen.
R: Aber wir können unser Treffen, unser Zusammensein auch ganz nüchtern sehen. Es findet an einem bestimmten Ort zu einer bestimmten Zeit statt. Nichts ist daran geheimnisvoll und unerklärlich. Wir sind hier und wenn wir nicht mehr hier sind, sind wir doch da gewesen, an dieser Stelle, an dieser Straßenecke, egal, ob wir anderswo oder nirgendwo sind.
Z: Du meinst, auch wenn wir nicht mehr hier oder überhaupt nicht mehr sind, gilt: Sie sind da gewesen, an der Straßenecke, sie haben sich dort getroffen?
R: Ja, natürlich. Die Dinge, ich meine Landschaften, Städte, Straßen und eine Straßenecke wie diese waren, sind und werden sein. Natürlich verändern sie sich mit der Zeit und es mag eine Zeit gegeben haben, wo sie noch nicht waren, und eine geben, wo sie nicht mehr sein werden. Aber für uns Menschen gilt: Sie sind, waren und werden sein. Sie stehen gleichsam fest und stehen die Zeit durch. Und weil es so ist, können wir Feststellungen treffen. Die Dinge sind das immer schon Vorausgesetzte und die Voraussetzung dafür, daß wir Aussagen machen können.
Z: Du meinst also, du hättest keinen Halt und keinen Stand, wenn es nicht das Feststehende der Dinge gäbe?

R: Ja, ich könnte mich an nichts mehr halten und keine Feststellungen treffen.
Z: Versuch doch einmal dich nicht mehr festzuhalten.
R: Ich soll also keine Feststellungen mehr treffen?
Z: Ja. Wir wollen versuchen, in einen Bereich jenseits der Feststellungen zu gelangen, und sehen, ob dort noch ein sinnvolles Sprechen möglich ist.
R: Nicht mehr festhalten, das heißt doch loslassen.
Z: Ja.
R: Und was?
Z: Du sollst die Dinge loslassen, sie sein lassen. Sein lassen ist von etwas ablassen und etwas zulassen.
R: Und was soll ich zulassen?
Z: Du sollst von den Dingen ablassen, die da sind, an dieser oder jener Stelle und ihr Dasein zulassen beziehungsweise ihr Dagewesensein.
R: Kannst du dich, verdammt noch mal, nicht klarer ausdrücken?
Z: Ich weiß nicht. Das, was uns umgibt, ist doch die Umgebung oder Gegend. Wir sind inmitten der Dinge. Nun sollen sie nach draußen gestellt werden. Wir sollen nicht mehr Gegenstände wahrnehmen, sondern ihr Zugegen sein. Dazu müssen wir endliche Wesen werden.
R: Du meinst Sterbliche?
Z: Ja.
R: Aber ich bin sterblich. Ich muß es nicht erst werden.
Z: Der sterbliche Mensch und das Zugegensein der Dinge und ihr Nochnicht- und Nicht-mehr-Zugegensein gehören zusammen, weil wir Lebende sind, Ungeborene waren und Tote sein werden.
R: Ich sehe bloß Gegenstände.
Z: Weil du dich an das Vorausgesetzte und Feststehende hältst. Du mußt loslassen.
R: Und was geschieht dann?
Z: Ein Umschlagen. Das, was du anblickst, blickt dich an.
R: So wie Gesicht und Spiegelbild? Der Anschauende wird plötzlich selbst angeschaut.
Z: In etwa.
R: Das ist mir zu unsicher. Das Feststehende loslassen. Das könnte dir so passen. Dann würde ich ja fallen.
Z: Ja, du sollst dich fallen lassen.
R: Und wenn ich nicht weich lande oder aufgefangen werde?
Z: Vielleicht geraten wir ja in einen anderen Zusammenhang.
R: Für mich gilt: Wir sind da, an dieser Straßenecke und wenn wir nicht mehr da sein werden, sind wir doch da gewesen.
Z: Und ich denke das Zur-Stelle-gewesen-sein, das sich Sich-eingestellt-haben, das Da-gewesen-sein von Menschen und Dingen.
R: Aber wo denn da?

Z: So kann man meiner Ansicht nach nicht fragen. Man kann fragen, wo etwas gewesen ist, aber nicht, wo ein Wo gewesen ist. Man kann wohl nach dem Sein von etwas fragen, also nach dem Sein des Seienden, aber nicht nach dem Sein des Seins.
R: Das meinst du mit dem Zusammen sein oder dem Stelldichein?
Z: Ja, ich nenne es auch die ursprüngliche Gegend oder die Begebenheit.
R: Die Begebenheit. Mir genügt eine Begebenheit in Raum und Zeit wie unser Zusammensein hier und jetzt.
Z: Was ich so nenne: Zusammen sein, Stelldichein, Gegend, Begebenheit entzieht sich jeder Feststellung. Es ist ohne Spuren zu hinterlassen. Etwas ist da gewesen, wir sind da gewesen.
R: Wenn es spurlos ist, ist es wohl auch nicht und nichts gewesen. Mir scheint, du erzählst Märchen. Ich halte mich lieber an die Wirklichkeit.
Z: Ich denke, es ist ein Märchen, märchenhafter als alle Märchen und wirklicher als die Wirklichkeit.

Über die Verschiedenheit von Raumwegen und Zeitweg

Was ist der Mensch? Das ist die Frage, wer ich bin. Das Wort »Mensch« gibt mir darüber keinen Aufschluß. Es gibt aber, soweit ich sehe, zwei Ausdrücke für den Menschen. Der Mensch ist der Irdische und der Sterbliche.

Die Irdischen sind der Gegensatz zu den Außerirdischen, damit sind die Bewohner anderer Sterne gemeint. Allerdings hat auch der Mensch die Erde bereits verlassen. Es ist daher fraglich, ob wir ihn noch einen Irdischen nennen können.

Die Irdischen stehen auch im Gegensatz zu den Himmlischen. Dafür können wir wohl auch sagen: die Göttlichen. Ihnen sprechen wir die Unsterblichkeit zu. Die Menschen aber sind die Sterblichen. Das ist die zweite Bestimmung.

Auch dieses Wort klingt etwas altertümlich, fast antiquiert. Aber es bleibt dabei, daß der Mensch sterben muß, und wenn es nicht so wäre, so wäre er kein Mensch mehr, er wäre so etwas wie ein Gott.

Was heißt es nun, daß der Mensch sterblich ist? Vielleicht genügt eine einfache Beobachtung. Jemand durchquert einen Raum. Er kommt von dort und geht nach dort. Zugleich aber kommt er aus der Tiefe der Vergangenheit und geht in die Tiefe der Zukunft. Es gibt zwei wesentliche Bewegungen, die eine führt durch den Raum, die andere durch die Zeit. Wenn ich mich im Raum bewege, habe ich keinen Zweifel, daß ich von einem Ort herkomme und zu einem anderen hingehe. Ebensowenig zweifle ich daran, daß es eine Vergangenheit gibt, in der ich war und aus der ich komme, und eine Zukunft, in die ich gehe und in der ich sein werde. Alle Bewegungen und Aufenthalte im Raum, alles Hin und Her erscheinen zugleich als Vorrücken auf dem Weg zwischen Anfang und Ende.

Sterblich sein heißt nicht, daß ich am Ende des Lebens sterben werde, sondern daß ich auf einem Weg an das Ende des Lebens bin und daß ich nicht war und nicht sein werde.

Ich bewege mich nicht allein durch die Weite und Erstreckung des Raumes, sondern ebenso durch die Weite des Lebens, die sich zwischen Anfang und Ende auftut und die ich auseinander- und zusammenhalte. Sie ist anders als die Ausdehnung des Raumes und der Weg, der hindurch führt anders als ein Weg durch den Raum. Beide gehören zusammen und sind doch verschieden. Das selbe gilt für den, der sich im Raum aufhält und bewegt und den, der durch die Zeit bewegt wird. Wir nannten sie an anderer Stelle den Raumfahrer und den Zeitreisenden.

Im folgenden werde ich einige Unterschiede benennen, doch ist die Liste keineswegs vollständig. Dabei werde ich vieles wiederholen, was bereits gesagt wurde.

1. Es gibt viele Wege im Raum und nur einen durch die Zeit.

2. Anfang und Ende eines Raumweges sind durch zwei Raumpunkte gekennzeichnet wie Start und Ziel. Anfang und Ende des Zeitweges sind Geburt und Tod.

3. Der Weg des Zeitreisenden ist ein Weg von Anfang bis Ende, nicht von hier nach dort. Aber alle Wege und Aufenthalte im Raum sind Teile dieses einen Weges. Sie erscheinen dort und finden ihre Gliederung, ihren Zusammenhang und ihre Einheit. Dagegen ist der Weg von Anfang bis Ende nie ein Teil eines Weges von hier nach dort.

4. Der Raumfahrer bewegt sich auf einem Weg. Ein Weg ist die Erstreckung zwischen zwei Orten. Er kann umkehren und dorthin zurückgehen, wo er gewesen ist.

Für den Zeitreisenden hingegen ist der Weg unumkehrbar. Er wird gewissermaßen an ihm vollzogen und vollstreckt. Er kann ihm nicht entgehen. Es gibt eine unaufhörliche Entwicklung in die Zukunft, die immer weiter reichende Kette von Ereignissen und Handlungen, die er schmiedet und an die er geschmiedet ist.

Was auf dem Raumweg als Rückweg, Rückgang erscheint, erweist sich auf dem Zeitweg als Fortgang. Der Rückweg liegt hinter dem Hinweg, ist gleichsam dessen Verlängerung. Der Zeitreisende kann nicht zu einem vergangenen Tag zurückkehren oder an einen Ort, an dem er gewesen ist. Er kann nicht umkehren.

5. Der Raumfahrer kann auf seinem Weg anhalten und sich an einem Ort aufhalten. Der Weg des Zeitreisenden hingegen ist unaufhörlich und unaufhaltsam wie die Zeit selbst.

6. Der Raumfahrer entfernt sich von etwas und nähert sich anderen Orten und Dingen, z. B. seinem Haus oder seiner Arbeitsstelle.

Der Zeitreisende dagegen kommt von nichts her und geht auf nichts zu. Wenn ich aber zurückblicke und meinem Erinnerungsweg folge, so komme ich aus der Tiefe der Vergangenheit herauf, und wenn ich vorausblicke und dem Weg der Erwartung folge, so gehe ich in die Tiefe der Zukunft hinein. Das eine Mal nähere ich mich stets, selbst wenn ich räumlich gesehen mich entferne, das andere Mal entferne ich mich, selbst wenn ich mich räumlich nähere.

Ich denke an eine Reise, die ich vor längerer Zeit an einen weit entfernten Ort gemacht habe. In der Sicht des Raumfahrers habe ich mich von hier entfernt. In der Sicht des Zeitreisenden wird aus dem Sich-Entfernen ein Sich-Nähern, nämlich durch die Folge der Tage.

Ich komme gleichsam aus einer Ferne und gehe in eine andere. Wenn ich auf dem Weg der Erwartung bin und in die Tiefe der Zukunft vorausgehe, entferne ich mich. Ich entferne mich selbst dann noch, wenn ich umkehre, mich nähere und zurückkehre. Ich kann ja nicht zurückkommen, denn jedes Zurückkommen ist ein Weitergehen, ein Fortgehen.

Auf dem Weg hierher heißt nicht: auf etwas zu. So wäre es ja wieder ein Raumweg. Ich sehe mich zum Beispiel als Anhalter weit, weit da hinten an einer Straße oder ich sehe mich in einem Haus sitzen, aus dem ich längst ausgezogen bin. Zweifellos war ich schon auf dem Weg hierher, obgleich ich nicht daran dachte. Ich hatte die Vorstellung, daß ich mich im Raum zwischen den Dingen hin und her, vor und zurück bewegte, während die Zeit verging. Der Weg nach hier war kein Weg im Raum von dort nach hier. Es war, möchte ich sagen, noch gar nichts hier. Ich war unterwegs, damit es hier sei.

Wenn ich nun in die Zukunft gehe, gehe ich so wenig auf etwas zu wie ich auf etwas zuging, als ich hierher unterwegs war. Ich meine es bloß. Der, der herkommt, dreht mir stets das Gesicht zu, der, der fortgeht, stets den Rücken, egal in welcher Richtung sie sich bewegen. Was im Raum ein Sich-Entfernen ist, bleibt ein Sich-Nähern, was ein Sich-Nähern ein Sich-Entfernen.

7. Der Raumfahrer kann andere überholen und kann von ihnen überholt werden. Er ist weiter als andere oder hinter ihnen zurück.

Der Zeitreisende ist mit allen stets »auf gleicher Höhe«, gleichgültig mit welcher Geschwindigkeit er und die anderen sich bewegen oder ob überhaupt Bewegung ist. Er geht wie die anderen vor sich hin, das heißt er überholt sich und bleibt hinter sich zurück.

Der Raumfahrer kommt bei anderen an. Der Zeitreisende ist rückblickend, auf dem Weg der Erinnerungen, stets auf dem Weg zu sich und kommt bei sich selbst an so wie er eines Tages bei dem Toten ankommen wird, der er ist. Der Zeitreisende kann also niemanden überholen und hinter sich zurücklassen und von niemandem überholt werden und hinter ihm zurückbleiben.

Er überholt niemanden anders als sich selbst. Er geht vor sich hin in die verborgene Zukunft und bleibt hinter sich zurück in der enthüllten Vergangenheit.

Er kann nicht weiter sein als ein anderer. Er kann auf dem Weg durch die Weite des Lebens überhaupt nicht weiter sein oder noch nicht so weit. Sonst müßte er auch an einem anderen Tag sein können, einem zukünftigen oder einem vergangenen.

8. Auf einem Raumweg kann ich schneller oder langsamer sein. Auf einem Zeitweg gibt es kein Schneller oder Langsamer. Ich will überlegen, wie ich hierher gekommen bin. Zunächst gehe ich, mich erinnernd, auf dem Pfad der Erinnerung immer weiter in die Vergangenheit zurück. Und nun lasse ich mich aus der Tiefe der Vergangenheit heraufkommen. Ich sehe sogleich, daß ich mich nicht schneller oder langsamer nähern kann. Es ist sogar gleichgültig, ob ich mich bewege oder nicht und mit welcher Geschwindigkeit ich mich bewege.

Ebenso ist es, wenn ich in die Zukunft blicke. Ich kann nicht schneller oder langsamer auf die Straße mit den blühenden Bäume gelangen, jetzt, da es Winter ist, oder wenn ich mich beeile und ein Auto nehme schneller an das Ende des Lebens; es sei denn ich mache einen Unfall.

9. Ich hätte früher hier sein können. Das gilt für den Raumweg, aber nicht für den Zeitweg. Ich kann ihn nicht in kürzerer oder längerer Zeit zurücklegen. Früher hier sein können, das ist so als würde ich sagen: Ich hätte früher an diesem Tag ankommen können.

Nun besagt die Relativitätstheorie, daß die Zeit nicht wie Newton dachte absolut, sondern relativ sei. Bei großer Geschwindigkeit wird sie gedehnt, die Uhren gehen langsamer. Deshalb wäre von Zwillingsbrüdern der, der mit annähernder Lichtgeschwindigkeit ins All fliegt, jünger als derjenige, der sein Leben auf der Erde fristet, wenn sie sich wiedersehen.

Wir lassen unseren Raumfahrer nun tatsächlich für eine kurze Zeit Raumfahrer sein, während sein Zwillingsbruder, der Zeitreisende, auf der Erde zurückbleibt.

Wir nehmen an, daß die Zukunft, die noch verborgen und verhüllt vor ihnen liegt, enthüllt hinter ihnen liegt. Sie sehen sich aus der Vergangenheit heraufkommen, der Raumfahrer nähert sich in einem gewaltigen, ungeheuer schnellen Flug, während sein Bruder den irdischen Trott beibehält. Sie nähern sich dem Punkt, an dem sie sich wieder begegnen, dem Treffpunkt. Sie nähern sich von Anfang an gradlinig und zielstrebig, denn beide sind auf einem Weg, auf dem es keine Umkehr gibt, dem Zeitweg eben.

Nun sieht der auf der Erde zurückgebliebene Bruder tatsächlich ganz schön alt aus, wenn sie sich wiedersehen. Für ihn ist die Zeit schneller vergangen, der Uhrzeiger schneller gelaufen, er ist schneller gealtert.

Das ändert aber nichts daran, daß die Zeit, durch die sie bewegt werden, gleichgültig gegen schneller oder langsamer ist. Auf dem Weg durch die Weite des Lebens rückt der eine nicht schneller als der andere vor. Wäre es anders, so hätten sie sich nicht treffen können. Die Zeit, durch die wir bewegt werden, ist jedenfalls nicht die Uhrzeit.

10. Der Raumfahrer begibt sich auf den Weg, er macht sich auf, bricht auf. Der Zeitreisende findet sich immer schon auf einem Weg vor, ich möchte sagen, daß sich ihm ein Weg öffnet. Er hat sich nicht auf den Weg begeben. Sein Weg begibt sich. Spätestens am Ende seines Lebens wird er es einsehen:. Er hat sich nicht hinbegeben, der Weg hat sich begeben.

11. Der Raumfahrer bewegt sich oder hält sich irgendwo auf. Es ist seine Tätigkeit und sein Tun. Der Zeitreisende empfindet mehr, daß ihm etwas geschieht. Er bewegt sich weniger als daß er durch die Zeit bewegt wird. Es ist eher ein Tun des Nichtstun.

12. In der Sicht des Raumfahrers bin ich stets von Dingen umstellt und umgeben. Die Umgebung kann immer wieder eine andere sein, aber ich kann aus ihr so wenig heraustreten wie aus dem Gesichtskreis, in dessen Mittelpunkt ich verbannt bin.

Der Zeitreisende jedoch tritt heraus aus dem Umkreis. Er kommt nicht von etwas her, was noch da ist und geht nicht zu etwas, was schon da ist, nämlich da und dort im Raum. Er folgt nicht mehr den Richtungen der Windrose, sondern der einen des Zeitpfeils, die quer zu allen Richtungen liegt. Es ist die Richtung, die ihn aus dem Seienden hinausführt.

13. Würden wir am Weg des Raumfahrers einen Wegweiser aufstellen, so würde er in eine Richtung zeigen, in der ein Ort liegt. Der Raumfahrer geht in die vielen und wechselnden Richtungen der Windrose.

Auf dem Wegweiser des Zeitreisenden wären Zeit-, Entfernungs- und Ortsangaben ausgestrichen. Es bliebe nur der Pfeil, der jetzt kein Richtungspfeil mehr, sondern ein Zeitpfeil ist. Der Zeitreisende kommt aus keiner Richtung des Raumes und geht in keine. Er verhält sich gleichgültig zu allen Richtungen und bewegt sich quer zu ihnen. Er folgt dem Zeitpfeil, nicht mehr der Windrose.

Er geht nicht auf etwas zu, was schon da ist. So wäre er ja wieder der Raumfahrer. Er geht auf etwas zu, was noch nicht da ist, damit es da sei.

14. Der Raumfahrer geht auf etwas zu und kommt von etwas her. Er geht da hin und kommt da her.

Der Zeitreisende kommt daher und geht dahin. Sonst müßten ja die Dinge, die vor ihm und hinter ihm in einem nicht räumlichen Sinn liegen, tatsächlich sein. Es müßte noch etwas in der Vergangenheit und schon etwas in der Zukunft sein. Es müßten Sätze gelten wie: »Etwas ist eben. Etwas ist gegenwärtig gleich. Gestern regnet es, morgen scheint gegenwärtig die Sonne«. Wohin aber sollten die Regentropfen und die Sonnenstrahlen fallen? In unsere Welt oder in andere Welten? Ich kann unmöglich so sprechen und die Grenzen der Sprache scheinen die Grenzen der Welt zu bezeichnen.

Der Zeitreisende ist also auf einem Daher-Dahin-Weg. Der Zeitweg ist ein Dahin-Weg. Auf dem Zeitweg gehen wir dahin. Auch die Zeit geht ja dahin. Sie kommt nicht aus einer bestimmten Richtung daher etwa aus Osten oder Westen wie ein Wind. Auch wir kommen auf dem Zeitweg nicht von da her oder dort her, sondern daher. Wir sind also Dahingehende und wie Dahergelaufene, deren Herkunft niemand kennt.

15. Der Raumfahrer ist da, an dieser oder jener Stelle. Er kommt von da her und geht da hin. Das, woher er kommt ist noch da und das, wohin er geht ist schon da.

Der Zeitreisende kommt daher und geht dahin, so wie die Zeit dahingeht. Er kommt da her, wohin die Tage gehen und geht da hin, woher sie kommen. So gesehen ist er der Gegenläufer der Zeit. Nun wollen wir genau auf den Wortlaut achten. Zunächst sagten wir, er kommt daher und geht dahin. Wir sagen ja auch, daß wir nicht wissen, woher wir kommen und wohin wir gehen und meinen damit die beiden dunklen Ränder am Anfang und Ende des Lebens, also vor der Geburt und nach dem Tod.

Nun aber lautet es: Wir kommen da her und gehen da hin. Gemeint kann nicht wie beim Raumfahrer etwas sein, was noch da und schon da ist. Ich komme ja aus der Vergangenheit und gehe in die Zukunft. Ich komme also von dem her, was nicht mehr da ist und gehe zu dem hin, was noch nicht da ist. Es ist aber nicht völlig nicht da, sondern da in der Weise des Nicht-mehr-da und da in der Weise des Noch-nicht-da, weil ich unterwegs bin, genauer gesagt, weil mein Weg sich begibt.

16. Der Raumfahrer, so sagten wir, kommt von da her, ist jetzt da und geht da hin. Die Dinge und Orte, von denen er herkommt, sind noch da, die, zu denen er hingeht, sind schon da. Er ist nicht mehr da, ist jetzt da, ist noch nicht da, an dieser oder jener Stelle.

Für den Zeitreisenden aber gilt das Umgekehrte. Nicht er, sondern die Dinge sind da und nicht mehr da und noch nicht da.

Der Raumfahrer bewegt sich von dort nach dort, etwa von seinem Haus zu seiner Arbeitsstelle. Für ihn ist das Haus noch da und die Arbeitsstelle schon da, das heißt vorhanden und an einer bestimmten Stelle. Er ist nicht mehr da, zu Hause und noch nicht da, bei der Arbeitsstelle.

Als Zeitreisender kommt er zugleich aus der Vergangenheit und geht in die Zukunft. So gesehen können Haus und Arbeitsstelle unmöglich noch da und schon da sein. Sonst müßte es einen ausgelegten, durchgängigen Weg durch die Zeit wie durch den Raum geben, von gestern nach morgen wie von dort nach dort. Haus und Arbeitstelle sind vielmehr nicht mehr da und noch nicht da, während wir eben sagten, er, als Raumfahrer, sei nicht mehr da und noch nicht da.

17. Der Raumfahrer erreicht einen Ort. In der Sicht des Zeitreisenden ist der Ort, an dem er sich befindet, erst erreichbar geworden und zuvor unerreichbar gewesen, so wie der Tag, der ihn beleuchtet erst erreichbar geworden ist und unerreichbar war.

Einerseits: Ich gehe auf etwas zu, ich nähere mich, ich erreiche es.

Andererseits: Ich nähere mich nicht, ich nähere es mir. Etwas wird erreichbar, was von mir her unerreichbar war. Ich bringe es her und hervor.

18. Der Raumfahrer sagt: Ich entdecke etwas, was schon da war. Wie könnte ich es sonst entdecken, wenn es nicht da gewesen wäre?

Aber der Zeitreisende sagt: Es ist nicht da gewesen. Es ist erst da, indem ich es entdecke und mit seinem Entdecktsein bin ich selbst.

19. Die letzten Dinge. Ich verstehe darunter die letzten Dinge, die wir in diesem Leben sehen werden oder den Ort, an dem wir sterben werden. In der normalen Auffassung, der des Raumfahrers, sind sie irgendwo, nur der Ort ist in der Regel unbekannt. Ebenso ist es mit der Zeit. Der Tod ist gewiß, nur das Wo und Wann sind unbekannt, sagen wir. Es ist uns verborgen, zuletzt wird es uns enthüllt.

Anders ist es in der Sicht des Zeitreisenden. Nähere ich mich den letzten Dingen, dem letzten Tag? Zweifellos komme ich ihnen doch mit jedem Tag näher, aber das nicht in der Art, wie ich einem Ziel näher komme, zu dem hin ich einige Tage brauche. Sonst wäre ich ja wieder auf einem Weg im Raum.

Vielmehr durchlaufe ich meine Tage und an ihrem Ende erscheinen die letzten Dinge, treten sozusagen hervor, treten an das Licht des Tages.

Die letzten Dinge sind nicht irgendwo schon da. Sie sind noch nicht da. Das heißt aber nicht, daß sie völlig nicht da sind. Sie sind von Anfang an da in der Weise des Noch-nicht-da, weil (solange, während) ich unterwegs bin und umgekehrt: weil (solange, während) sie in dieser Weise da sind, bin ich unterwegs.

Was für die letzten Dinge gilt, gilt auch für alle Dinge zwischen ihnen und mir.

20. Für den Raumfahrer gilt: Etwas ist so und so weit entfernt und er braucht bis dahin so und so lange. Gemeint ist eine Wegstrecke, eine Raumstrecke, für die ich eine gewisse Zeit, einen gewissen Zeitraum brauche, zum Beispiel eine Stunde, einen Tag und so weiter.

Ein Beispiel: Es ist Winter, aber auf einer Wiese in Portugal blühen jetzt die Mandelbäume. Die Entfernung beträgt ca. zweitausend Kilometer und ich brauche mit dem Auto rund vierzig Stunden.

Für den Zeitreisenden aber gilt nicht: so und so weit und so und so lange, sondern: solange bis es soweit ist, solange bis es eintritt, solange, bis es Zeit ist. Damit können die letzten Dinge gemeint sein oder auch die Wiese mit dem blühenden Mandelbaum, sei sie in Portugal oder bei uns im Frühjahr. Ich habe mich durch die Tage bewegt bis zu dem Tag, der heute ist und ich bewege mich durch die Tage bis zu jenem, hinter dem sie sich auftut, also solange, bis es soweit ist.

21. Es gibt Raum und Zeit. Sie sind der vorgegebene Rahmen für alles, was ist. Jedes hat sein Wo und sein Wann. So ist auch mein Sterbeort irgendwo und irgendwann werde ich sterben. So denke ich als Raumfahrer, der sich durch die Weite des Raumes bewegt.

Aber gerade dieses Beispiel zeigt, daß es für den Zeitreisenden, der sich durch die Weite des Lebens bewegt, anders ist. Es ist nicht so und so weit und ich brauche so und so lange, sondern es gilt: solange bis es soweit ist. Aber was heißt das? Es heißt: dann ist Zeit, aber auch: Solange ist Zeit, solange ist mir Zeit gewährt, solange gibt es Zeit.

Und wie ist es mit dem Raum? Nun, ich möchte sagen: Solange wird mir Raum eingeräumt, solange gibt es Raum.

Zeit und Raum sind hier anderes als der vorgegebene Rahmen.

22. Das Land hinter der Nacht. Als Raumfahrer denke ich, daß dieses Land so weit entfernt ist, daß ich eine Nacht brauche, um hinzugelangen. Dann bin ich dort.

Der Zeitreisende hingegen meint das Land, das sich hinter der Nacht auftut. Der Raumfahrer würde sagen: Das Land ist schon da gewesen, den Tag allerdings habe ich noch nicht gesehen. Der Zeitreisende hingegen sagt: Das Land ist so wenig da gewesen wie der Tag, der es erleuchtet.

23. Ich kehre dort hin zurück, wo ich gewesen bin. Rückkehr ist Ankunft dessen, der da gewesen ist. So denkt der Raumfahrer.

Der Zeitreisende hingegen kann nicht zurückkehren. Er ist auf einem Weg, auf dem man nicht umkehren kann. Statt dessen kehrt das zurück, was da gewesen ist und nicht mehr da ist, das Land nämlich, das sich hinter der Nacht auftut. Raum wird eingeräumt, es gibt Raum. Tatsächlich hatte ich oft das Gefühl, wenn ich die Wege, die ich schon oft gegangen war, frühmorgens betrat, als seien sie noch nie gewesen. Rückkehr ist nun Ankunft dessen, was da gewesen ist.

24. Wo auch immer ich mich auf dem Weg der Erinnerung antreffe, ich bin unterwegs hierher. Alle diese Erinnerungen sind mit einem Ort verknüpft, einer Straße, einem Haus, einem Zimmer, einem Berg, einem Wald.

Einerseits verknüpfe ich den Weg mit den Orten, andererseits die Orte mit dem Weg. Ich lasse den Weg nicht bei den Dingen und Orten sein und entlangführen, sondern lasse sie umgekehrt am Weg sein und liegen, der hierher zu mir führt. Sie erscheinen dann aneinander und aufgereiht wie an einer Perlenschnur.

25. Wo ist etwas? Alles, was ist, erscheint in Raum und Zeit. Es erscheint zugleich am Weg zu den letzten Dingen, auf dem Weg ans Ende, auf dem Weg zwischen Nichts und Nichts und zeigt sich nur jemandem, der auf diesem Weg ist.

Es scheint sich um zwei verschiedene Wege zu handeln. Ich halte mich im Raum bei den Dingen auf und bewege mich zwischen ihnen hin und her, vor und zurück, während die Zeit wie unabhängig davon vergeht. Zugleich bin ich, egal, wo ich mich aufhalte oder bewege, auf dem unaufhaltsamen, unumkehrbaren Weg ans Ende des Lebens oder zu den letzten Dingen. Wenn das wahr ist, dann liegt alles, was ist und natürlich auch die Dinge, bei denen ich mich aufhalte, zwischen denen ich mich bewege, an diesem Weg. Ich nehme sie also aus dem Raum heraus und siedle sie am Weg an, lasse sie dort anwesend sein. Sie sind nicht mehr da und da im Raum, vorhanden und an verschiedenen Stellen, sondern erscheinen am Weg und sind nur jemandem da, das heißt zur Stelle, zugegen, der auf diesem Weg ist.

Es handelt sich also nicht um zwei Wege, sondern um zwei Anschauungen eines Weges wie ja auch Raumfahrer und Zeitreisender nicht zwei Personen, sondern eine sind.

26. Der Raumfahrer zeichnet seinen Lebensweg in die vorhandene Welt der Dinge und Menschen ein nach dem Schema: Wo ist wann was geschehen? Auf entsprechende Weise verfassen wir auch einen Lebenslauf.

Dem Zeitreisenden begegnen Menschen und sind Dinge zugegen auf dem Lebensweg, der ein Weg zwischen Nichts und Nichts ist. Wo anders sollten sie auch sein und vorkommen im Sinne von »hervorkommen«?

Weg, genauer das, was am Weg liegt und Gänger des Wegs gehören zusammen. Eines kann nicht ohne das andere sein.

27. Die Zukunft ist uns verborgen, sagen wir. Ich nehme an, daß ich morgen noch sein werde, aber ich weiß es nicht. Was uns verborgen ist, sind nach gewöhnlicher Anschauung die Ereignisse. Sie werden im Laufe des Lebens offengelegt. So ist der Lebenslauf das Offenlegen des Lebenslaufes selbst. Das alles aber geschieht im Rahmen von Raum und Zeit und der vorgegebenen Dinge. Sie liegen offen um uns herum und müssen nicht offengelegt werden. Das gilt für den Raumfahrer.

Nun sagten wir aber, die Zukunft sei das Noch-nicht-da nicht allein der Ereignisse, sondern der Dinge. Also wären auch sie verborgen. Im Lauf des Lebens, auf dem Weg vom Anfang zum Ende oder von Nichts zu Nichts treten die Dinge aus ihrer Verborgenheit in die Gegenwart, das Zugegensein, die Anwesenheit und verschwinden wieder in die Verborgenheit. Das gilt für den Zeitreisenden.

28. Für den Raumfahrer sind die Zeit Gegenwart, Vergangenheit und Zukunft. Wir können auch sagen: Gegenwart, Nicht-mehr-Gegenwart und Noch-nicht-Gegenwart. Die Dinge aber stehen im Fluß der Zeit fest. Das ist die Voraussetzung dafür, daß die Zeit nicht einfach verfließt und vergeht und daß wir Aussagen machen können wie: Ich bin jetzt hier, war gestern da und dort, werde morgen voraussichtlich wieder hier sein.

Für den Zeitreisenden sind die Dinge nicht zeitlos und die Zeit ist nicht dinglos. Er verdinglicht die Zeit beziehungsweise verzeitlicht die Dinge. Daher spricht er von der Gegenwart, der Nicht-mehr-Gegenwart und der Noch-nicht-Gegenwart der Dinge selbst.

29. Der Raumfahrer sagt: Ich bin jetzt, in der Gegenwart hier, an dieser Stelle, an diesem Ort, ich war in der Vergangenheit, der Nicht-mehr-Gegenwart da und dort bei diesen und jenen Dingen, und ich werde in der Zukunft, der Noch-nicht-Gegenwart wieder hier sein.

Für den Zeitreisenden aber ist die Gegenwart das Da, das Zugegensein, die Anwesenheit, die Gegenwart der Dinge selbst, die Vergangenheit ihre Nicht-mehr-Gegenwart und die Zukunft ihre Noch-nicht-Gegenwart.

30. Etwas ist da, das heißt für den Raumfahrer: es ist vorhanden und an einer bestimmten Stelle. Ich kann darauf zeigen.

Für Zeitreisenden heißt es: es ist zur Stelle, zugegen, anwesend, gegenwärtig, es hat sich eingestellt. Es hat sich gezeigt.

Etwas ist da in der Weise des Nicht-mehr-da und des Noch-nicht-da, also da ohne da zu sein. Für den Raumfahrer heißt das: Etwas ist in der Erinnerung oder der Erwartung da, also in der vorstellenden Vergegenwärtigung, zum Beispiel die Straße, in der er als Kind gewohnt hat oder eine Straße mit blühenden Bäumen, wenn es Winter ist oder der Ort, an dem er möglicherweise sterben wird.

Für den Zeitreisenden heißt es etwas völlig anderes. Etwas ist da in der Weise des Nicht-mehr-da und des Noch-nicht-da, weil, solange, während er unterwegs ist, genauer gesagt, sein Weg sich begibt. Es gilt auch das Umgekehrte: Weil, solange, während etwas da ist in der Weise des Nicht-mehr-da und des Noch-nicht-da ist er unterwegs, begibt sich sein Weg.

Der Raumfahrer erfährt sich als drinnen, inmitten der Dinge, geborgen wie in einem Haus. Für den Zeitreisenden sind sie draußen, im Freien und er erfährt sich selbst als draußen.

31. Nehmen wir als Beispiel für ein Ding eine Wiese. Für den Raumfahrer nimmt sie eine bestimmte Stelle in der Weite des Raums ein. Die Jahreszeiten ziehen daran vorüber und dementsprechend ist sie eine Winterwiese, eine Frühlingswiese, eine Sommerwiese, eine Herbstwiese. Sie verändert ihr Aussehen und bleibt bei aller Veränderung doch dieselbe Wiese.

Der Zeitreisende ist auf dem Weg durch die Weite des Lebens, die sich zwischen Anfang und Ende, zwischen Nichts und Nichts auftut. Er durchläuft die Tage oder genauer gesagt: Er wird durch die Tage bewegt. Sein Weg begibt sich. Die Wiese erscheint am Weg und ihm, da er auf dem Weg ist. Die Frühlingswiese liegt hinter der Winterwiese, die Sommerwiese hinter der Frühlingswiese, die Herbstwiese folgt auf die Sommerwiese und die Winterwiese auf diese, aber natürlich nicht derart, wie auf einem Weg im Raum ein Ding hinter dem anderen liegt. Die Wiese tut sich im Gang durch die Jahre in ihren verschiedenen Formen hinter den Tagen auf.

Der Zeitreisende wird nicht bloß älter, er ist stets weiter und am weitesten auf dem Weg zu den letzten Dingen.

Oder der Garten im Winter, der winterliche Garten. In vielen Tagen, die nacheinander vorüberziehen, wird er ein blühender Garten sein.

Nun durchlaufe ich die Tage, werde durch die Tage bewegt, bis ich zu jenem Tag komme, hinter dem der blühende Garten liegt und sich auftut.

32. Der Raumfahrer ist stets in einer Umgebung, die von Dingen gebildet wird. Er ist von ihnen umgeben. Statt Umgebung können wir auch Gegend sagen.

Wenn wir aber das »Zugegen« in dem Wort Gegend hören, bekommt es einen anderen Sinn: Das, was nur zeitweise zugegen, anwesend, uns entdeckt ist, bevor es wieder in die Verborgenheit verschwindet. Das wird dann die Auffassung und Sichtweise des Zeitreisenden.

33. Der Raumfahrer kann Aussagen machen wie: Ich war schon früher hier, auf dieser Straße mit den Bäumen, nun bin ich wieder hier, ich bin zurückgekehrt. Damals war Winter, die Bäume waren kahl, nun blühen sie.

Der Zeitreisende kann keine entsprechenden Aussagen machen. Er kann nur sagen: Ich war noch nicht hier. Ich war auf dem Weg nach hier. Hier war noch gar nichts, es war noch gar nichts hier. Nun ist es hier, das heißt zur Stelle, zugegen, anwesend, gegenwärtig. Ich war unterwegs durch die Tage bis zu einem Tag, an dem sich die Straße mit den blühenden Bäumen auftat.

34. Der Raumfahrer kann zu dem Bäumen zurückkehren, die damals kahl waren und die nun blühen. Aber der Zeitreisende kann nicht zu den kahlen Bäumen zurückkehren. Das Zurückkehren ist ein Weitergehen zu den blühenden Bäumen.

So wie ich nicht mehr das Unveränderliche, das Zugrundeliegende (der Baum ist bei allen Veränderungen der selbe) und nicht mehr die Dinge als zeitlos und die Zeit als dinglos denke, sondern Dinge (Baum) und Zeit und Zeitliches (Kahlheit, Blüte) miteinander verknüpfe, also die Zeit verdingliche und die Dinge verzeitliche, verlasse ich den Weg im Raum und schlage den Zeitweg ein, also den Weg durch die Weite des Lebens, der sich zwischen Anfang und Ende öffnet, der sich zuträgt und auf dem es keinen Aufenthalt und keine Umkehr gibt

35. Wenn ich den Weg der Erwartung betrete, so bin ich unterwegs zu der Straße, auf der die Bäume blühen, auch wenn es Winter ist. Der Raumfahrer allerdings sagt: Dort auf der Straße, werden in einigen Monaten die Bäume blühen, dann kannst du hingehen.

Ich bin als Zeitreisender unterwegs zu einer Sommerwiese, zu einem Wartezimmer, in dem die Zeitschriften des kommenden Jahres ausliegen, zu einem Tag, den es noch gar nicht gibt, zu einer sternklaren Winternacht, zu einer festlich erleuchteten Stadt, zu einer Straße, die so wenig da ist, wie der Tag, der sie erhellt, zu vielem Unvorhergesehenem, zu den letzten Dingen.

Man wird vielleicht sagen, daß man so nicht spricht und daß es gegen die Regeln der Sprache verstößt. Aber man sagt auch nicht, daß man unterwegs sei zu den letzten Dingen und doch ist es so. Und so ist man auch unterwegs zu einer Straße mit blühenden Bäumen, zu einer Sommerwiese, zu einer weihnachtlich erleuchteten Stadt, zu vielem Vorhergesehenen und Unvorhergesehenen, obwohl man nicht so spricht.

36. Normalerweise sage ich: Ich bin jetzt hier, an diesem Novembertag in diesem Zimmer. Sowie ich mir jedoch klar mache, daß ich auf dem Weg zu den letzten Dingen bin, daß die Dinge nicht mehr da sein werden wie sie nicht da waren, wird mir klar, daß sie hier sind, mir zugegen.

37. Der Zeitreisende wird, im Gegensatz zum Raumfahrer, nicht sagen, daß er in der Vergangenheit da und da gewesen ist, gegenwärtig da ist, in der Zukunft da und dort sein wird bei diesen oder jenen Dingen. Statt dessen wird er vom Dagewesensein der Dinge, von ihrer Gegenwart und ihrem künftigen Sein sprechen.

Das Dagewesensein von etwas aber ist nicht etwas, das da gewesen ist, wenn auch nicht ohne es.

Das Dasein von etwas ist nicht etwas, das da ist, wenn auch nicht ohne es.

Das zukünftige Sein von etwas ist nicht etwas, das da sein wird, wenn auch nicht ohne es.

38. Will ich etwas über den Menschen und den Zusammenhang mit Anwesenheit und Abwesenheit herausfinden, liegt es nahe, auch über den Toten und den Ungeborenen nachzudenken. Denn wir sind nicht bloß Lebende, sondern waren Ungeborene und werden Tote sein.

Dem Lebenden werden wir die Gegenwart der Dinge zuordnen, dem Toten die Nicht-mehr-Gegenwart oder das Dagewesensein der Dinge, dem Ungeborenen die Noch-nicht-Gegenwart oder das Noch-nicht-sein der Dinge.

Man könnte wieder meinen, daß ich meine Überlegungen in etwas Abstraktes, Abseitiges verlegt hätte. Ich will sie konkret machen, indem ich über den Menschen, also über mich, nachdenke.

Ich bin und bin gewesen und werde sein. In einem gewissen Sinn bin ich also nicht mehr und noch nicht. Der Gewesene ist gleichsam der Schatten des Toten, der ich sein werde, und der Zukünftige der Schatten des Ungeborenen, der ich war. Ich bin ein Lebender, werde ein Toter sein und war ein Ungeborener.

Der Raumfahrer erinnert sich: Er, der Gewesene oder der Tote ist da gewesen bei diesen und jenen Dingen.

Er nimmt den Lebenden wahr. Da ist er.

Er erwartet. Der Kommende, der Ungeborene oder Zukünftige wird da und dort sein.

Für den Zeitreisenden aber ist der Gewesene oder der Tote die Erinnerung an das Dagewesensein von etwas, der Dinge.

Er nimmt nicht etwas wahr, was da und da ist, sondern das Dasein von etwas, was allerdings kein sinnliches Wahrnehmen mehr ist, eher das Wahrnehmen einer Chance oder einer Möglichkeit.

Er erwartet nicht, daß der Ungeborene da und dort sein wird, vielmehr ist der Ungeborene die Erwartung des Seins von etwas.

39. Der Raumfahrer lebt in der Welt mit vorhandenen Dingen, die die Zeit durchstehen. Daher kann er Aussagen machen, wo er ist, wo und wann er war und voraussichtlich sein wird.

Der Zeitreisende hat den festen Boden unter den Füßen verloren und kann daher diese Aussagen nicht mehr machen. Aber er gelangt in einen anderen, neuen Zusammenhang, in dem er immer schon ist, sonst könnte er nicht hinein gelangen.

Man kann auch von einem Loslassen sprechen. Das Loslassen ist ein Seinlassen und das Seinlassen ist ein Ablassen und Zulassen zugleich. Wovon lasse ich ab und was lasse ich zu? Ich lasse ab von den Dingen, die die Zeit durchstehen und von der Zeit als Gegenwart, Vergangenheit und Zukunft als Folge von Jetzten und lasse zu die Gegenwart, Nicht-mehr-Gegenwart und Noch-nicht-Gegenwart der Dinge selbst.

40. Für den Raumfahrer ist das Sein der Welt in der Regel fraglos selbstverständlich. Vieles in der Welt ist fragwürdig, aber nicht ihr Sein. Er weiß immer schon Bescheid. Er weiß, wo er ist, in welchem Dorf oder welcher Stadt, und wo sich das Dorf oder die Stadt befindet und so weiter. Er weiß auch, wann er ist, und hat eine Vorstellung von der Zeit, die vor ihm war und die nach ihm sein wird. Er lebt mit anderen zusammen. Das Zusammensein muß nach Geboten und Vorschriften geregelt werden, die dem Satz folgen: Du sollst, denn du kannst.

Nun sind uns die Dinge nur zeitweise, eine Weile entdeckt. In dieser Sicht wird aus dem Zusammensein, das an einem vertrauten, bekannten Ort stattfindet ein Zusammen sein. Der Ort des Zusammen seins oder des Stelldicheins gehört zu diesem selbst. Mensch und Ding stellen sich ein. In diesem Sinn sprechen wir von einem Stelldichein.

Fragen wir nach dem Sein von etwas, so heißt das unter anderem auch, daß wir nach seinem Wo fragen. Ich kann fragen, wo etwas ist, gewesen ist, sein wird, aber nicht mehr, wo ein Wo ist, gewesen ist, sein wird. Das Stelldichein läßt sich nicht feststellen.

41. Etwas ist da gewesen. Das ist eine Aussage, Feststellung.
Aber das Dagewesensein von etwas entzieht sich jeder Aussage und Feststellung. Es ist spurlos wie der Gang der Sonne über den Himmel.

42. Die Menschen bekommen sich zu Gesicht, erblicken einander an einem Ort, der unauffindbar war und sein wird. Aus diesem Verhältnis kann ein anderes Verhalten jenseits der Moral erwachsen. Wir können, das heißt wir dürfen zusammen sein. Doch bleibt die Rückbindung an die Moral, also ein Handeln nach Regeln und Geboten, die wir befolgen können und sollen, unabdingbar. Denn wir haben gesehen, was ein Leben außerhalb der Moral sein kann. Es kann auch bedeuten, daß der andere von der Bildfläche zu verschwinden hat, daß er ausrottbar, vernichtbar ist.